目錄

上野教授教教我！

從零開始的女性主義

跟著一場幽默輕鬆的世代對談，看懂一個亞洲國家的女權意識如何萌芽、建構，
進進退退走到現在

上野千鶴子
田房永子——著

蔡傳宜——譯

野先生、フェミニズムについて
ゼロから教えてください！

女人過去怎麼抗爭？我們該如何抗爭？

來認眞想想結婚、戀愛，還有養小孩

女性主義與性。消失吧，大叔的妄想！

我是女性主義者嗎？

繁體中文版編按

田房小姐為知名散文漫畫家，出版過多部以母女關係、夫妻相處、育兒生活為主題的暢銷作品，深刻描繪出她作為女性在生活中遇到的苦樂與內在的變化，在日本引起廣大共鳴。以創作的內容來說，田房小姐可說已在親身實踐女性主義，但仍自覺腦中對之沒有一個清晰的脈絡和認識。遂萌生此企劃，邀來知識淵博的女性主義學者上野教授，為她上一堂從零開始的女性主義課程。於是，這正好生於上下世代、做出完全不同人生選擇、分別為學術研究者和圖文漫畫家的兩人，透過輕鬆對談，梳理出日本社會如何在現代化過程中從零開始發展女性主義，以及那進退的變化如何直接或間接地影響男男女女每個人的人生選擇、情感關係、生活樣態。同處亞洲文化圈的我們，更能在其中看到許多台灣社會的影子，感到茅塞頓開，深有共鳴。

兩人對談內容之精采，也使得本書不僅適合作為女性主義的入門必讀之書，作為日本社會史和文化史方面的延伸閱讀，亦別有一番趣味。書中除了收錄對談全文，田房小姐更為序言、插圖、每篇結語都創作了生動漫畫。為讓讀者感受田房小姐豐富的情緒，我們選擇保留部分日文手寫狀聲詞，好讓女性的心聲能暢快淋漓吶喊出來。這無疑將是一場從零開始，滿載而歸的閱讀體驗。

前言　田房永子

當我念高中的時候，「女性主義」
是日常生活裡根本不會出現的詞彙
1995年左右
我

二十一世紀最初十年的社會，
大概是這種感覺
再不快點結婚就要變成敗犬了，討厭～
打工的都是員工的新娘候選人呀♪
育兒是母親的工作
2010年代後半，世界出現了變化
#MeToo
東京醫大入學考醜聞
檢討性騷擾受害者
CM抗議
鮮花示威

然後2019年4月，東大入學演講※震撼全日本
※參照頁九一註釋
不過，
女性主義到底是什麼？

來聽聽上野千鶴子怎麼說！

第1章

當女人為什麼這麼難？

母親的兩個叮嚀：「一定要有工作」和「要結婚生小孩」

上野 說起來，我和田房小姐的年紀正好差一輩。令堂是嬰兒潮世代，妳是嬰兒潮次世代（參考頁一三表格）。

田房 家母正好大上野教授一歲。

上野 一九四七年出生的嗎？如果我和令堂在同一年生小孩的話，孩子就這麼大了。

田房 那您的孩子今年差不多會是四十歲了。

上野 田房小姐以前念女校嗎？

田房 對，東京的國高中直升女校。

上野 難怪妳個性那麼直率，原來是青春期在女校度過。學校很自由是吧？

田房 不，學校其實管得滿嚴的。當時正值高校女生風潮[1]，校內也有高校辣妹，但還是不准燙髮，不能改短制服裙子之類的。

上野 只有這樣？

田房 對……嗯，也不能這麼說（笑）。學校的基本立場是「因為有色狼，無可奈何只能這樣」，但卻沒拿出實際對策，只會暗地責怪學生「就是因為妳們穿成這樣才會被騷擾」，也有老師直接說：「裙子穿得這麼短，才會遇到色狼」。明明不管裙子長短，色狼都會伸出鹹豬手。現在回想起來，學校完全沒有女性主義教育。

上野 等等，把遇到色狼怪到服裝上，但妳們不是穿制服嗎？

田房 是呀，莫名其妙吧。

上野 既然色狼是瞄準制服下手，那取消制服不就好了嗎。當時學校教育走的要是教出賢妻良母的路線嗎？是哪個年代？

田房 一九九〇年代。也不能說是賢妻良母路線，學校教的是「女性也要用功讀書、上班工作」，但基本上氛圍仍是「女孩子要端莊」。

上野 學校誰選的呢？

田房 是家母……（笑）。

上野 這樣啊，參加了入學考試嗎？

田房 被強迫的，萬不得已才考的。念的學校也不難進去，母親倒沒有逼我報考自己考

1 日本一九九〇年代中至末期掀起的社會浪潮，也稱「高校辣妹文化」，流行以安室奈美惠及雜誌《egg》為代表的棕髮、短裙、泡泡襪打扮。另一方面，以身體換取金錢的援助交際、以及伴隨而來的兒童性交易問題、販售穿過的內褲等性話題受到熱議，被視為社會問題。

不上的學校。

上野 令堂希望妳讀女校？

田房 倒不是。

上野 還是因為不想讓妳念當地的學校？

田房 對，沒錯！母親的說法是「公立國中都很亂」，她自己念的也是直升高中的女校，或許這也是原因。

上野 令堂讀的也是東京的學校嗎？

田房 是的，據說是外婆要她考的。

上野 原來如此，妳等於複製了令堂的升學考試經驗。妳的高中同學畢業後，升學選擇短大還是四年制大學的比較多？

田房 短大，不，應該是四年制大學，因為是女子大學的附屬中學。

上野 感覺閉著眼睛也能直升大學嗎？

田房 閉著眼睛……大概不行（笑）。我沒那麼用功，成績只能很勉強地搆到服裝科的邊，就跑去讀美術大學了。當時覺得國中開始已經讀了六年女校，實在受不了要再念四年女子大學，此外也有想早點逃離母親的心情。結果我的人生還是走成了母親期望的樣子。

---

* 「戰後嬰兒潮」在各國定義略有不同，以 1946-1964 年出生為定義最為普遍，但在日本則狹義定義為 1947-1949 年此兩年間出生的 800 多萬人——後由經濟學家堺屋太一稱之為「團塊世代」，以「團塊」比喻，是指該世代爲了改善生活而辛勤勞動，緊密聚在一起，支撐著日本社會和經濟。

** 淺間山莊事件，為日本戰後重大社會事件之一。激進組織聯合赤軍潛入河合樂器公司的保養所，挾持管理員妻子並與警方對峙多日。日本新左翼運動也在該事件後走向衰落。

*** 茱莉安娜東京，為九〇年代位於東京港區英日合資的知名舞廳，開業之初的理念是「普通職業婦女亦可度過高雅一夜的英資保守迪斯可舞廳」，後來隨泡沫經濟倒閉。

出生年	世代名稱	青年期主要經歷大事	
1935-46 1941-49 全共鬥世代	廢墟世代	◆ 日本教育基本法公布，實施男女混合教育 1947 (p.27) ◆ 韓戰 1950～ ◆《舊金山和約》生效 1952	經歷過戰後廢墟的世代
1947-49	嬰兒潮世代（團塊世代）*	◆ 高度經濟成長期 1954～1973 ◆ 越戰 ～1975 (p.24) ◆ 統計數字上，戀愛結婚人數超越相親結婚 60年代中葉 ◆ 東大安田講堂事件 1969 ◆ 女性解放運動 1970～ (p.64)	出生於日本第一波戰後嬰兒潮（1947-49）的世代。經濟評論家堺屋太一稱之為「團塊世代」。
1950-64 1961-70 新人類	冷漠世代／無能世代	◆ 淺間山莊事件** 1972 ◆ 第二次石油危機 1978 ◆ 連續劇《製造回憶》1981 (p.33)	由於對前世代的反動而對政治漠不關心，看似對任何事都毫不在意的世代
1965-69	泡沫世代	◆《男女雇用機會均等法》施實 1986 (p.199) ◆ 泡沫經濟 1986～ ◆ 陳美齡爭議 1987 (p.216) ◆ 田嶋陽子電視節目初登場 1990 (p.185) ◆ 茱莉安娜東京*** 1991～1994	在泡沫經濟中迎接青春歲月的世代
1970-82 1971-74 嬰兒潮次世代 1975-82 後嬰兒潮次世代	冰河期世代（失落的一代／團塊次世代）	◆ 泡沫經濟崩壞 1991～1993 ◆ 就職冰河期 1993～2004 ◆ 安室奈美惠單飛、雜誌《egg》創刊 1995 ◆ 阪神大地震 1995 ◆ 東京地鐵沙林毒氣事件 1995	經歷泡沫崩壞後就職冰河期的世代，又稱為「失落的一代」(Lost Generation)。 前述團塊世代的子女，涵蓋第二波嬰兒潮（1971-74）出生者，因此也被稱為「嬰兒潮次世代」（團塊次世代）。
1987-99	寬鬆世代（無欲無求的一代）	◆ 311東日本大地震 2011 ◆ LINE使用者超過一億人 2013 ◆ #MeToo運動擴大 2017～ (p.194)	接受寬鬆教育（約2002-12）的世代。因其「低欲望」的特徵，又被稱為無欲無求的一代

參考資料：長山靖生《「世代」的真面目》（河出BOOK，2014）／阪本節郎、原田曜平《世代論教科書》（東洋經濟新報社，2015）

上野　令堂的期望是什麼樣子？

田房　從我念小學起，她就耳提面命要我「一定要有工作」。我們這些「失落的一代」的女性，很多都是在嬰兒潮世代的母親聲聲叮嚀要「一定要有工作」「找個到哪都不會失業的工作」「要考證照」之下長大的。

上野　早年都是說「找份家庭代工」。

田房　對呀。但她們同時也叫我們「要結婚」「要生小孩」，這兩種叮嚀是分不開的，當女兒的都快被這些要求搞得分裂了。

上野　妳說得沒錯，這變成雙重枷鎖。

田房　我從小學就夢想著當漫畫家，不過一直到了五年級，才得知漫畫家是「可以在家工作的職業」。老是被母親告誡「要有專業技能」「躺著也能結婚生小孩，

妳應該結婚，
然後生小孩。
但也要
培養技能，
自主獨立喔。

上野 所以婚一定要結，小孩一定要生」。所以得知這點我感動到不行，這不就是能兼顧結婚和照顧小孩的職業嗎，太好了，我要一定當漫畫家。

田房 我的母親也教育過要「一定要有工作」，這是把自己沒能實現的人生、放棄的選擇寄託在女兒身上；至於「結婚生小孩」的叮囑，則出於不願意否定自己的人生。兩種放在一起，便相互矛盾了。

上野 對對，就是這樣。

「嬰兒潮世代」母親與「失落的一代」女兒的價值觀衝突

上野 對再上一個世代，也就是我的母親或是田房的祖母輩來說，「不結婚」的選項幾乎不存在，那個年代認為「女性出門工作很淒慘」。

田房 我在二〇一二年生下我的大女兒，懷孕時參加媽媽教室，裡頭也有類似的氣氛，還是有人臉上寫著：「都懷孕了還要上班，好可憐」，竟然還有人認為「婚後必

年輕時的嬰兒潮世代

年輕時的失落的一代

須工作＝丟臉」，我十分吃驚。過去應該更嚴重吧。

上野 那是當然的，尤其好人家的女兒是不出去工作的。那個時代的女人很自然就過著「被男人挑選」「活在男人身邊」「人生被男人左右」的生活。嬰兒潮世代看著這樣活著的女性長大，被這種價值觀的母親撫養，所以結婚率高得不得了。在人口統計學上，世代（Cohort）指「同齡的群體」。根據調查，在我的年齡層，所謂「敗犬」[2]和「一人樣」[3]的女性數量僅占人口三%。

田房 那屬於這個世代，卻又沒有結婚的上野教授……

上野 所以說我是「規格外」嘛（笑）。聽了妳剛剛說的，我想嬰兒潮世代母親所謂的

「要有工作能力」，其實附帶了「以不影響家庭為限度」的條件。依附丈夫也沒關係，但「如果丈夫發生意外，也能自立活下去」，所以實際上仍是家庭副業的延伸。

田房 沒錯，我經常被告誡：「就算結婚了，丈夫也可能過世，還可能會離婚。別只指望靠丈夫的收入過活，要有自己的工作。」

上野 而到了下一個世代，重點就變成了考證照和實用學科。例如醫生和律師，也算是高收入且能自己開業的專業技能。母親總是要求女兒培養「專業技能」。家母在這方面就很不乾脆，一直嘮叨「學個專業」，卻在我準備升大學時態度突然逆轉，說什麼「女孩子只要念短大就夠了」。我當時就想：「那老媽妳之前講那些算什麼。」（笑）。結果我還是踏上歧途進了大學，完全沒考慮以後就業的問題。

田房 咦，歧途？

---

2 敗犬，指符合「三十歲以上、未婚、無子女」三項條件的女性，出自散文家酒井順子二〇〇三年出版的《敗犬的遠吠》，自嘲為「像打輸後落荒而逃的狗」，在日本社會掀起討論浪潮。

3 一人樣，指「確立個體獨立性的女性」，由日本記者岩下久美子於二〇〇一年所提出。她提倡女性應在經濟和精神上自立，過著多彩充實的新生活。上野千鶴子《一人樣的老後》（日文版於二〇〇七年出版，繁體中文版譯為《一個人的老後》）亦為暢銷作品。參考：《婦人公論》二〇〇一年五月二十二日號〈一人樣時代來臨〉，岩下久美子 × 遙洋子 × 森永卓郎。

上野　對呀。因為學術是半點實用性都沒有的歧途啊（笑）。當時我完全沒考慮到未來，是個超級不食人間煙火的大小姐。女性工作這件事，對我的世代來說和你們這個世代不同，當時女兒出門工作是違背母親期望的。不過到了田房小姐的世代，母親卻希望女兒能有份工作。有工作，還要結婚生小孩。

田房　沒錯。

上野　這當中也有世代差異。在我們這個世代，工作的女人是「規格外」，但妳們這一代則是有工作才是母親的好女兒。或許正因如此，不管是成為家庭主婦還是職業婦女，都算不上超出規格，想違背母親和社會的期望也沒辦法。不過，說起來規格外的人生沒有前車之

鑑可循，我選擇的道路當時也沒有其他對象可供參考，只能自己在沒人到過的荒野裡摸索（笑）。也因為在規格外，會遇上很多社會性懲罰，像是無法維生，找不到工作之類的。我也曾經失業，無法糊口的日子很長，直到找到工作。

田房 什麼！竟然？

上野 那個時代女人很難經濟獨立。有學歷的女人尤其難謀生。大學畢業的女孩子結不了婚，找不到工作，只能當公務員和老師，和現代很不一樣吧（笑）。

田房 也差太多了。

上野 所以對我們而言，敵人十分具體。父母和父權社會，敵人清楚明白，所以能夠反抗，因為我們的痛苦是外來的。不過到了下一個世代，則是在自我中找尋痛苦的根源。自我束縛，敵人就是自己。我想那種讓人喘不過氣來的感覺，和我們過去背負的東西不同。

田房 確實。因為我們從小就被教育，發生什麼事，都要先「自我檢討」，因此甚至不會察覺問題不在自己身上。

上野 我們這個世代，則是心裡想著「吵死人了，臭老頭」而丟出石頭，有投擲的目標。

田房 朝他們丟石頭嗎？

上野 還真的丟過（笑）。

田房 除了上野教授這樣規格外的人，人人都會丟嗎？比如說像我母親那樣的人？

上野 也不是每個人，不過當時剛好是大學學運，會丟石頭的大哥哥大姊姊可是很多的，我不過是跟著丟（笑）。

一九六〇年代的大學學運當時的母親是什麼樣子？上野千鶴子呢？

田房 大家口中的大學學運，實際上做些什麼呢？

上野 這問題很多人問，卻滿難回答的（笑）。最初學運抗爭的對象很具體，就是大學校方，具體訴求是「撤回學生不當處分」「反對學費調漲」等，然而後來又發展出「自我否定」「批判生產性原理」這些論點而逐漸抽象化，抗爭目標也愈來愈遙遠。在這個過程中走向了革命。

田房 聽起來好像職業摔角比賽。

上野 沒錯。工會和公司的協商也是這樣，否則很難進行。大學教授基本上都是老爺爺，血壓要是飆到一百九以上可真會要命的（笑）。所以運用成年人的智慧，別讓局面太過激烈。

田房 不過當時連汽油彈都丟了，不是嗎？

上野 走向失控後，就逐漸演變成那樣了。這時只要誰丟了汽油彈，其他人也會受刺激，「什麼，我們也得來丟！」也發生許多憾事。若要問大家最後到底是「為了什麼」，真的很難回答。

田房 這就是所謂團體意識的變化？

上野 多少有影響。現在要分析那個時代或許還太過困難。雖然小熊英二[4]斷定那是嬰兒潮世代在「尋找自我」

4 小熊英二（一九六二－），社會學家，著有《單一民族神話的起源》《「民主」與「愛國」》等書。

大學學運。大批學生手持著棍狀物「抗爭棍」

日本大學升學率（含非應屆高中畢業生）

大學入學年度	女	男	計
1965年（嬰兒潮世代／團塊世代）	4.6%	20.7%	12.8%
1972年（現在65歲前後）	9.3%	33.5%	21.6%
1983年（泡沫世代）	12.2%	36.1%	24.4%
1989年（嬰兒潮次世代／團塊第二代）	14.7%	34.1%	24.7%
2002年（現在35歲前後）	33.8%	47.0%	40.5%
2019年	50.7%	56.6%	53.7%

出處：日本2019年度《學校基本調查》年度統計

（笑）。但為了尋找自我破壞校園，把自己和同伴弄得滿身傷痕、四分五裂，這解釋恐怕太過簡化了。

田房 這樣啊。該怎麼說，很難想像自己的母親學生時代是這樣的。

上野 令堂是大學畢業生嗎？

田房 是女子短大。

上野 當時大學升學率大概是一三％。男生約二〇％，女生約五％。

田房 五％!?

上野 是的，所以雙方都是大學學歷的夫妻十分稀有。

田房 說起來以前真的是這樣。大家會傳「聽說誰誰誰的爸媽是念某大的」，光是這樣就感覺很厲害。

上野 因為只占同年齡人口五％，真的很少。

田房　原來這麼少。

上野　當時的大學也比現在少，升學率低，小孩又多，結婚對象雙方都是大學畢業生便更稀有。當時的大學生人數就是這麼少，而參與和支持學運的學生約只占兩成。所以也不是所有學生都參加了學運。兩成參加，兩成反對，另外六成屬於政治冷感。當學校被占領封鎖時，他們就去打工或旅行（笑）。

田房　「耶，放假囉～」的感覺？

上野　沒錯。令堂也是屬於政治冷感的六成吧？屬於被造成不便的一方呢（笑）。

田房　不便……該怎說呢（笑）。完全沒聽過母親談這些事，或許她是真的不感興趣。只知道她曾經加入夏威夷俱樂部，完全無法想像她曾和三島由紀夫[5]活在同樣的年代。

上野　不管哪個時代，令堂那樣的人都占多數。不過，想要了解一個人，知道他曾在什麼樣的時代，什麼樣的地方，經歷過什麼樣的事件，非常重要。當時大學學運在首都圈和其他地方的熱度也不同，我所在的京都氣氛便與東京不一樣。那時候學生搭不起新幹線，還有人搭夜行火車去東京抗爭（笑）。

5　三島由紀夫（一九二五—一九七〇），小說家、社會運動家。晚年政治運動色彩濃厚，占據自衛隊駐屯地，發表呼籲政變的演說後切腹自殺。著有《潮騷》《金閣寺》等書。

田房 特地跑去抗爭嗎？

上野 對呀，就是為了參加學運（笑）。不過那也只是少數人。令堂不是就讀女子短大嗎，那裡風波不大。御茶大（御茶水女子大學）和津田塾（津田塾大學）都有些男生跑去組織活動，尤其御茶大的抗爭還挺激烈的。

田房 組織活動是指加入校內的學生團體嗎？

上野 對，各派別進行動員，然後傳授抗爭或集會的要訣，像是怎麼製作標語牌（笑）。

田房 學運爆發的契機是什麼？

上野 最初是一九六七年前後醫學系所發起的抗爭[6]，但讓學運愈演愈烈的背景則是越戰。當時美軍由日本的基地出發轟炸北越。美軍在制度上相當完善，按規定為減緩兵員耗損，士兵在戰場數週後便有一週的休假，日本是他們回來渡假的地方，因此美軍基地周邊聚集著大批日本女性。現在應該很難想像，但當時一美金可是能兌換三百六十日圓啊。

田房 哇，太驚人了。

上野 所以那些拿著數百美元薪餉的美國大兵一擲千金，什麼都辦得到。那些士兵其實年紀也與當時的大學生差不多。村上龍在小說《接近無限透明的藍》裡，寫過當時美國大兵和日本學生的毒品與性愛。我在美國遇過一位中年大叔，他當年是曾駐日本的大兵，一臉心醉神迷的說什麼：「日本真好啊，日本女人真好啊」，想起來就滿肚子火。但後來美金匯率跌至一百日圓，然後又降到了七十幾。美金下跌後，再來就是山田詠美[7]登場。她可是養美國大兵，讓他們吃軟飯的日本女人（笑）。

田房 哇喔——

上野 不論是這裡基地的問題，還是美國參與的戰爭，對大學生而言都並非事不關己。六〇年代時反戰運動席捲了全世界，學運都是在這個基礎上萌芽發展，在日本也是如此。雖然現在很難想像，但那時日本學生也強烈感受到自己是越戰的戰爭幫兇。每個人在那當下的哪裡經驗了什麼，都相當不同。

---

6 一九六八年一月，日本東大醫學系的學生自治會要求改革實習制度（原先醫學生畢業後必須在無照和無償的情況下前往醫療衛生相關機構實習），占領學校，不讓教授離校。醫學系處分涉入的十七名學生，其中卻包括當時未在場者。然而系方拒絕承認處分名單有誤，學生在六月占領東大安田講堂。二日後，東大高層要求警察機動隊進入鎮壓。此舉侵犯了大學自治與獨立精神，抗爭規模擴展至全東大。

7 山田詠美（一九五七—），小說家。一九八五年發表《做愛時的眼神》進入文壇。許多作品中都出現美國大兵的角色，亦有描寫與當時的丈夫C.D（假名）生活的散文。著有《我不會讀書》《罪人》、散文集「熱血詠美」系列等書。

她為什麼變成了毒母

上野　令堂義務教育讀的也是女校嗎？

田房　小學是男女混合教育[8]。

上野　說的也是，所以當時的年輕人在表面平等的社會中長大。大學學運也是如此，表面上男女平等。

田房　我母親的時代也是這樣？表面上男女平等了？

上野　妳看，男女都能同班同校了呀。

田房　這就算平等？這也太容易達成了吧。

上野　因為在戰前的尋常小學校[9]，中途就開始男女分班。也就是所謂的「男女七歲不同席[10]」。

田房　哇——

上野　現在已經應該沒有這種陋習，不過以前多數的學校會按排名貼出考試成績。而在混合教育裡排名不分性別，在成績競爭上澈底公平。女孩子在這種平等意識下成長，一旦走出校園進入社會，便會覺得「這到底是什麼鬼？」

一九七〇年雜誌《an·an》創刊，當時相當流行「朋友夫妻」這種說法。在一起念書的校園裡戀愛，成為朋友般的情侶，步入婚姻，到這個階段都還很美好。然而當進入社會，男生能輕易找到工作，女生卻非如此。兩者境遇天差地別。而且因為避孕失敗率高，還沒回過神就懷上了小孩，一九七三年日本迎來了第二波的嬰兒潮[11]。田房小姐是哪個年次的？

田房　一九七八年。

8　日本直到一九四七年《教育基本法》頒布前，男女分開教育才是主流，不僅分班，有時連上學路線皆分開。而東大（當時尚為東京帝國大學）初次招收女性入學是在一九四六年。一百零八名女性考生中，上榜者僅有十九位。　參考資料：金谷千慧子《日本民眾與女性的歷史》（明石書店，一九九一）。

9　尋常小學校，日本明治維新後的義務教育小學，為四年學制。

10　語出《禮記·內則》：「七年男女不同席，不共食。」戰前日本有「男女七歲時便應有分別，不可無故來往」的思想。

11　第二波嬰兒潮，一九七一—七四年，每年嬰兒出生人數超過二百萬人，以一九七三年為高峰，到達二百零九萬餘人。一九四七—四九年戰後第一波嬰兒潮中出生的世代被稱為「團塊世代」，而在第二波嬰兒潮中出生的則被稱為「團塊次世代」。

上野　那就是再稍微晚幾年了。不像現在正朝著「零待機兒童[12]」的目標努力，當時既沒有夠能托兒的地方，能幫忙的婆婆媽媽又都在地方老家，實在是束手無策。

田房　因為沒有托兒所嗎？

上野　對。當時的數量之少，與今日完全不能比，遠遠不夠。不過女性本來就找不到工作。不管有沒有小孩，只要大學畢業都沒人會雇用。

田房　什麼?!

上野　如果想進好公司，最好是高中或短大畢業。大學學歷最慘，死路一條。

田房　咦，為什麼？

上野　因為企業不知道該怎麼運用大學學歷的女職員。據少數曾進入企業工作的大學畢業女性說，她們都屬於約聘或兼職人員，還得靠關係才獲錄用。而且，女性工作被視為步入婚姻前的「過渡期」，當時初婚年齡又早，等於只有二、三年，十分短暫。請記住，令堂年輕的時候，就是身處於這樣的時代。

田房　好像能理解了。

上野　我們這個世代的女性大多會有種遺憾，覺得自己的人生不該如此。

田房　這在家母身上也有，相當明顯。現在已經好多了，但她以前過度干涉我時，便散發著這種怨氣。小時候搞不懂那從何而來，現在才明白，想必是因為當時女性必

上野　須面對太多不合理的對待。我出版過描繪因母親過度干涉感到痛苦的書，因此有機會與成長經歷類似的讀者交流，大家的母親都如出一轍。發現這件事，我便覺得，這和母親的個人性格固然有關，但社會的影響同等重要。一開始我以為這是親子問題，但逐漸覺得這或許是女性主義的範疇，或該說是性別歧視的問題。

上野　原來如此。「毒親」問題常被視為是母親性格特殊，或夫妻關係特別異常，但田房小姐畫的《我媽很奇怪嗎？》卻讓人一看就有「對，就是這樣」的熟悉感。程度可能有別，但畫的都是一些可能發生在任何家庭裡的事，所以才能引起廣大讀者的共鳴。就像我的母親性格也並非特別惡劣，不過是名普通的日本女性。

田房　沒錯，就是這樣。家母也只是一位善良的市民。

上野　誰叫小孩無法選擇父母。在這種情況下，我的母親不過是位普通的日本母親，而且還是夫婦感情不好的普通日本妻子（笑）；是會一直對小孩說「因為生了你才

12　待機兒童，日本名詞，指符合進入托兒所或教保服務機構的資格，但即使提出申請也無法入園的兒童。日本六〇年代托兒所嚴重不足，雖然提出「讓托兒所和郵筒一樣多」的口號，但整體狀況卻未獲得改善。到了八〇年代，兒童人數減少，托兒所不足問題趨緩。但一九九四年又開始上升。二〇一六年以〈申請不到托兒所的日本滅亡吧!!!〉為題的部落格成為話題。　參考資料：前原寬《我們能保護孩子的「現在」嗎》（創成社，二〇一八）

沒辦法離婚」這種話，讓孩子背負不必要的虧欠感和罪惡感，很普通的糟糕母親。

田房　我懂我懂，就真的很普通很糟糕（笑）。

田房解說

毒親（毒母）是什麼？

「毒親」為日本網路用語，出自蘇珊・佛渥德《父母會傷人》（*Toxic Parents*，日文版／每日新聞社／一九九九年，繁體中文版／張老師文化／二〇〇三年）。二〇一二年在日本因電視等媒體報導廣為人知，常被媒體套用在父母身上，如「你是毒親嗎？」「曾經是毒親的家長A」等，逐漸成為反映父母行為帶來傷害程度的詞彙。不過，面對父母這種「不好責怪的對象」，對於曾被父母傷害、為親子關係所苦的子女而言，能夠承認「父母對我而言有毒」，承認父母是自己的「敵人」或是「加害者」，對於在被父母灌輸「都是你的錯」中度過了童年和青年時期的子女來說，此詞彙能有效地將自己與父母切割開來。

若要切斷母女相傳的暴力鎖鏈

上野　我的父母是戀愛結婚。田房小姐家也是吧？因為是戀愛結婚，不是被逼著嫁人，無法將選擇丈夫的責任轉嫁他人。不能推卸說是媒人或是父母的錯，那就只能怪自己沒有看男人的眼光，沒選對丈夫。十幾歲的時候凝視著母親，我心想，「媽，就算嫁的人不一樣，妳的不幸也不會變的」。我發現那不是性格或是夫妻關係的問題，而是當事人身陷的社會結構問題。為了解開這個謎團，二十年後我寫了一本《父權體制與資本主義》（笑）。

田房　原來如此，這果然和父權體制與資本主義有關吧？

上野　近代有現代家庭結構以及一夫一妻制，除此之外，還有經濟上依附丈夫的妻子。對母親那一輩的女性而言，除了進入那個結構外別無選擇。即使她們是自願走入結構的，也無法苛責她們，因為沒有其他路可走。

田房　我也沒辦法對母親說：「不然妳就別結婚啊」，真的說不出口。

上野　說不出口，因為沒有別的路。

田房　山田太一編劇的連續劇《製造回憶》，說的是我母親那年代二十四歲女子的故事，劇中把沒結婚的女性比喻成十二月二十五日賣剩的聖誕節蛋糕。

上野 對，就是這麼比喻的。現在回過頭看，這說法簡直罔顧人權，幾乎就是種性騷擾。

田房 我看了那齣連續劇，才理解被稱作毒母的母親那一代人她們二十幾歲的生活情景，讓我覺得「難怪她們會變成毒母」。只是這種事沒人能教，當小孩的也只能受苦。

上野 田房小姐想通這些之後，原諒母親了嗎？

田房 不……接受和原諒完全是兩件事（笑）。只是理智上了解了母親她身為人的一面。

上野 是一種接納感，「原來妳也有自己的苦衷」之類的嗎？

田房 該怎麼說好呢……應該說，會覺得她是與我並肩對抗同樣敵人的戰友。

上野 對，沒錯。但感覺女兒成長了，母親卻沒什麼變化嗎？

田房 家母本身確實沒變（笑）。不過我現在強大了，沒那麼懼怕母親了。如果母親做了什麼討厭的事，我會覺得「好，到此為止，我要回去了」。

上野 親子的權力關係改變，會這樣很正常。

田房 生完小孩後，我對自己與母親相像的語氣和聲音感到厭惡，甚至在生理上不願接受自己的長相和體型與當年的母親愈來愈像。我想這是因爲，當時我以為這只是我和母親之間的問題。雖然來自母親的怨恨及傷害，必須靠女兒本身自我療癒，但另一方面，若不去釐清並理解時代背景和社會結構，便無法終止母女之間的暴

田房解說

日劇《製造回憶》

古手川祐子

田中裕子

森昌子

一九八一年TBS播出的電視劇，劇本由山田太一撰寫。原著是作家下重曉子對當時女性的訪談集《搖擺二十四歲》。劇中主角是三位二十四歲的女子。那是「女人的人生取決於男人有多行」的時代，是女人在工作上沒有表現機會，無法自主選擇結婚對象，並且將來自男人的暴力與「愛的表現」混為一談的時代。三位主角因為視婚姻為自己的人生終點，為了想留下熱切回憶，而計畫前往海外旅行。

母親也常對我說：「生完小孩，女人的人生就結束了。」這是一部能夠窺見我們母親那個世代女性痛苦的寶貴電視劇。

力和傷害繼續相傳。因為對母親做出那一切的，不是我這個做女兒的。有人將親子問題看作是一種平等的個體間的對立，但我認為是錯誤的。

「為你好」其實是「為我自己好」

上野　母親毒性還很強的時候，不是常會把「這是為你好」掛在嘴邊嗎？當母親的或多或少都會以這種方式操控小孩，卻很少有人能察覺，所謂的「為你好」其實是「為我自己好」。好比童星出身，當過議員也寫過小說的女性主義者中山千夏，她從很小的時候就被星媽母親當成商品。母親說什麼她都照做，還成為家裡的經濟支柱。她做過最違逆母親的事就是結婚。母親因男方是爵士樂手而強烈反對。據說她母親當時不斷說：「我是為妳好」，卻反遭中山千夏質問，逼問之下母親才終於鬆口說出：「這是為了我自己」（笑）。

田房　這是迎面對戰的模式呢。雖然我是逃走派的，不過要解決毒母問題，也只能選擇迎戰或逃走。

上野　我很佩服她能讓母親說出那句話。當時中山千夏只有二十幾歲，關係上母親仍是強勢的一方。或許正因如此，她也才能用盡全力迎面對抗。

田房　嗯，這麼說也沒錯。

上野　不過我也選擇了逃走，心想「這種地方再也待不下去」，滿十八歲之後拔腿就跑。當時覺得除了離家別無他法，拚了命逃開，日後也保持著逃亡狀態，盡可能和家裡保持距離。我扮演女兒的極限是三天兩夜（笑），到第四天一定會爆炸。

田房　我是兩個小時（笑）。

上野　哈哈，就這樣維持一種限時的親子關係，等四十幾歲一留意，才突然意識到，母親已經弱勢下來了。加上我母親罹癌，甚至成了病人，我也因此錯過了能和她一決勝負的時機。若年輕時能正面對抗，或許我們能不只是母女，而有機會成為跨世代的朋友，聽她聊聊「想當年我……」的故事。但我們最終沒能發展出那樣的關係。

田房　或許我也早已失去這樣的機會。我很不喜歡母親精力旺盛這點，所以在很痛苦的那段時期，我一直想著要是母親病到無法動彈，變成了肉塊，或許我就能愛她。

現在母親精力不再充沛，我逐漸能認同她。雖然只是覺得母親選出來的東西也還不賴，這種程度而已。

上野 令堂原本就是充滿活力的人嗎？

田房 充沛到不行（笑）。

上野 假如有其他能讓令堂揮灑能量的選擇，或許會帶給她不一樣的人生？

田房 這……感覺很難說。但我想就算有很多發洩管道也沒用。母親本來會做點手工藝，如果當時社會能讓她尋常地從事那些事，或許她會把精力放在那裡。我小時候就覺得，母親是因為覺得婚後應該相夫教子，才沒有繼續做下去。

上野 妳說的「能夠尋常地從事」，是指能當成職業、開班授課，還是什麼能獲得社會認可的方式嗎？

田房 應該是說，如果能讓家母因此建立自信，不會聽到閒言閒語，甚至成為維生的技能，或許會很不錯。

上野 就像田房小姐畫漫畫維生的才能。不過，即便沒有出色的天賦，一般人也能透過平凡的工作得到讚揚和相應的報酬，在過程中建立起人際關係。如果有份工作，妳覺得能分散毒母的精力嗎？

田房 這個嘛，就我母親而言，是分散不了的（笑）。該怎麼說，我覺得她有許多自我要求。除非母親自己能夠放下，不然還是會轉移到小孩或是旁人身上。

上野　例如要做便必須做到最好，這類的壓力嗎？

田房　家母的壓力源自她母親，也就是我的外婆。

上野　原來是這個，也就是說還牽涉到令堂與外婆的母女關係，三代之間淵源很深呢。

母親如此，母親的母親也是如此。女人不管在什麼時代都難為

田房　母親是長女，下面還有弟弟和妹妹。外婆十分疼愛她的弟弟。現在想起來，讓母親身上湧出精力的源頭應該是「希望外婆認可」「想獲得稱讚」。母親她應該去面對自己「我希望被母親認可」的心情，承認「但那不可能發生」，現實生活上卻用一句「我是為妳好」，就把自己身為大人也無法釐清的糾結情緒，一股腦地丟給我這個小孩。她的種種心情分開來看都很正常，但連結方式和發洩的對象卻很扭曲。不過外婆任何事都絕對不會站在母親那一邊，會走到這種局面

田房外婆的二三事
初次見到曾孫時
現在的小孩
都是夫婦自己養
真是難以置信啊
你們真厲害
據說在昭和二〇年代左右
是由鄰居女性互助合作
幫忙照顧小嬰兒
外婆的乳量充沛，
會輪流餵給其他嬰兒

也是無可奈何。

上野　因為同為女人，所以無法認可？

田房　是這樣嗎……我也不太確定。外婆明明對我這個外孫還有舅舅都很溫柔，對母親卻是處處刁難。

上野　對那個世代來說，不管排行第幾，家裡第一個出生的男孩都應該捧在掌心。只要是女兒，即使身為老大也不可能取代長男的位置。就算再怎麼叫屈，也只能當個長女。即使努力扛起長女的責任，只要弟弟存在便得不到認可。這是身為女兒進退兩難的困境。

田房　原來那個時代是這樣。母親也有她身為女兒的痛苦。

上野　令堂其實是想成為長男吧。

田房　原來如此，就是這樣！這就是身為女

上野 人才會受的苦吧？果然，懂不懂得女性主義，對如何思考個人問題影響很大。也不需要談到女性主義，光是了解時代背景就很有幫助了。如果不了解自己成長的社會或是父母輩的歷史，會有太多事情想不通。比如在田房小姐外婆的世代，只有長男能吃到珍貴的菜餚。

田房 什麼！

上野 妳不知道嗎（笑）？只有家主和未來的繼承人能夠吃到一條完整的魚，其他小孩和妻子都只能吃剩下的。即使排行在姊姊後面，長男仍會成為家中的繼承人。家庭內秩序相當分明。上面全是姊姊的么弟，就叫做「老么長子」。女兒、女兒、女兒……兒子，必須努力懷胎拚到生男為止。秋篠宮[13]家不也是這樣。

田房 真的。

上野 日本皇室就是典型的父權制，得努力生下男孩。

田房 原來是這樣。

上野 妳外婆也是從那個時代走過來的女人喔。

田房 哇，外婆太辛苦了。

13 秋篠宮，日本皇室現存的宮家之一。

上野　因為日本一直都是父權體制社會。不管哪個時代，女人都活得很辛苦。妳的外婆在非得生出個長男的社會裡當母親，她的女兒則在表面上性別平等的時代裡成為毒母。

嬰兒潮世代是這樣出生的

田房　當時的次男或是三男呢？

上野　次男、三男都是備用品。若是長男亡故便有機會替補，但基本上仍是「多出來的小孩」。因此他們會從鄉下來到都市，這也是為什麼嬰兒潮世代會由地方遷移到千葉、茨城、埼玉等大城。

田房　他們是從哪裡搬過來的？

上野　妳是東京人可能沒什麼感覺，不過日本其實很大，農村非常多。東北地方稱長男以外的男孩「神武」，是從神武天皇而來，這叫法很厲害吧。此外也喊做「叔叔」，在農村也會這樣叫嬰兒，像是「這次田房家生了叔叔」，讓人疑惑：「為什麼還是嬰兒就被叫成叔叔呢？」原來是因為長男遲早會生出繼承人，從繼承人的角度，這小孩就是他的叔叔。因此長男以外的男孩註定要成為叔父。次男和三男除非入贅，否則基本上無法結婚。他們的人生就是一直留在家中，為長男家工作。將田產分割給子孫繼承，稱為「田分け」（TAWAKE）。用來罵人幹了蠢事的「たわけもの」（TAWAKEMONO）便是衍生於此[14]。因為田產皆由長男繼承，便會有叔叔一號、叔叔二號、叔叔三號等許多的叔叔。這些叔叔住在同一個房間裡，終身無法結婚，宛如長男家的家庭奴隸。長男以外的兒子都像是這樣。當經濟高度成長期來臨，這些人才有機會進入城市，組成自己的家庭。

田房 在家鄉是大家一起工作嗎？

上野 因為是農業社會，人手多少都不夠。不過結婚和性是分開來的，就算無法結婚，也有做愛的對象。在性需求上有夜訪[15]的習俗。

田房 聽起來亂七八糟。

14 當時的觀念認為，若將田地按子孫人數分割，終將使家產一代代稀釋，在日本傳統長男制的家族觀念中，認為是削弱家族力量的愚蠢決定。

15 夜訪，日文為「夜這い」，明治維新以前，一種男方半夜至女方住處同房的習俗。

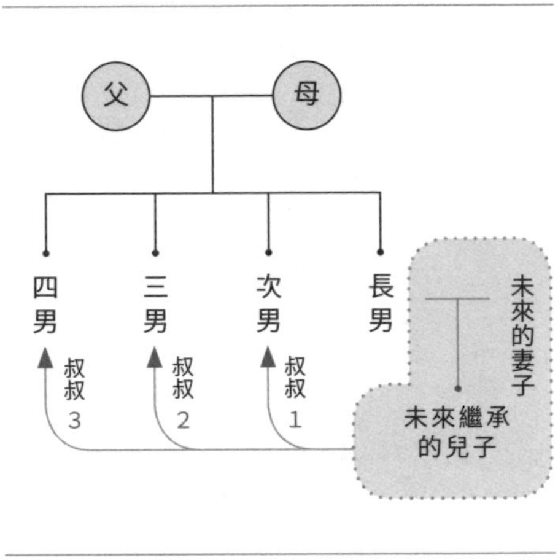

從次男開始，男孩生下來就被叫做「叔叔」

上野 一點也不亂呢。這要按照村莊規則進行，是有一定規矩的。因夜訪出生的孩子稱為「夜訪兒」，就這樣撫養長大。

田房 在母親那裡養大嗎？不和生父住在一起？

上野 住在一起便意味著擁有家庭，但叔父不能有自己的家庭，所以由母親撫養。男人也很清楚這個原則。畢竟婚姻制度就是決定子女歸屬的制度。

至於戰後為什麼嬰兒出生率大增，這是因為拜工業化所賜，次男三男能在都市裡找到工作，他們有了工作以後，便能組成自己的家庭，累積結婚率（有過至少一段婚姻的人口比例）也因此上升。在每個家庭約只生兩個小孩的狀況下，造成嬰孩數量增加的是適婚年齡人口與累積結婚率的上升。最高峰時有九七%的男性以及九八%女性曾經步入婚姻。同年齡人口幾乎百分之百都結過婚，因此被稱作「皆婚社會」或是「全體結婚社會」。不過人人結婚的狀況，只維持了非常短暫的時間。

田房 什麼？竟然很短暫！

上野 超短，之後就是一路往下掉。

田房 女孩子呢？

上野 她們即使沒結婚，也得出去工作。

田房 沒辦法待在家裡？

上野 因為女孩子具有商品價值，可以當保母、幫傭、賣身或當公娼，然後是去工廠當女工。還有做人小妾也算是一種。

田房 原來如此。女兒在父權家庭裡雖然不受期待，但卻具備商品價值。出去工作的話，家裡也有錢可拿嗎？

上野 這是當然的，工錢會交給她的父母。有人對東北地方的女兒出路進行研究，根據研究者針對某年農村女孩工作場所的調查，幫傭、娼婦、女工，大約各占了三分之一。

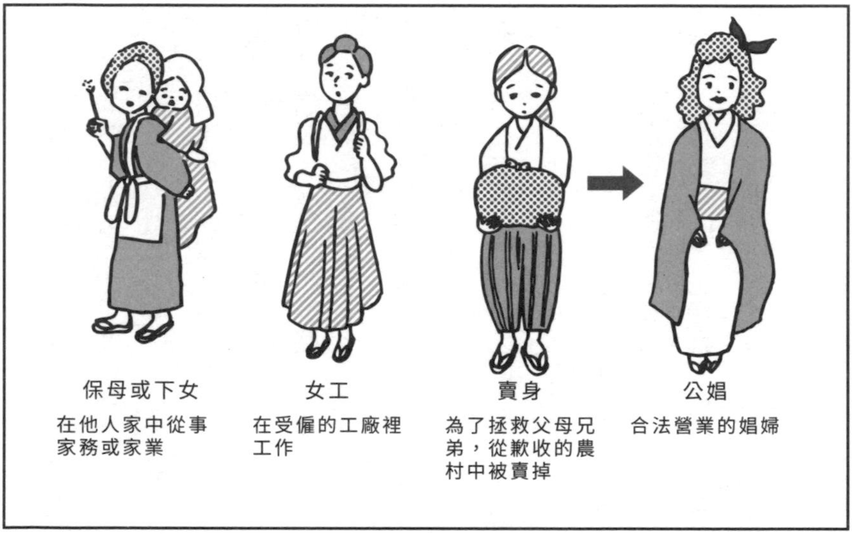
保母或下女
在他人家中從事家務或家業
女工
在受僱的工廠裡工作
賣身
為了拯救父母兄弟，從歉收的農村中被賣掉
公娼
合法營業的娼婦

田房　您說這是對日本哪邊的調查？

上野　東北的農村。

田房　這、這也太……只要是女人，就有商品價值嗎？

上野　過去小孩也是可以買賣的，在當時不算虐待兒童。

田房　這不是電視劇或是電影情節，而是真實發生過……

上野　不管是當娼婦還是女工，工資都在事前由父母收下了，在背著預支薪資的狀況下，也無法逃走。

田房　有人會為了賣小孩而生孩子嗎？

上野　我想應該沒有。但因為沒避孕，小孩便不斷出生。

田房　沒避孕！

上野　但不可思議的是，日本人口數在江戶

時代始終停滯不前，幾乎一直停在三千萬人的關卡上，直到明治時才往上飆升。江戶時代的日本人口，數量大致持平。有人認為這是過去的人生多死多的關係，但也有一派不認同這個說法。

田房　生多死多？

上野　一直做，一直生，一直死，如此反覆。但也有一種觀點認為實際上不是這樣，認為是人口調節的機制發揮作用。人口現象非常複雜，成因很難判斷。不過我想，近代人口增加的原因，是因為小孩也成了有生產力的資產。

田房　意思是在那之前有人口控管的生育政策？

上野　應該說吃不飽、養不起的小孩是不會被生下來的。次男和三男的人數也是在這個時代快速增加的。這些人不斷地從鄉村湧入都市，成為第一代移入城市的人口。這就是我們的世代。移居都市的第一代在首都圈近郊千葉、茨城、埼玉定居，然後被稱為嬰兒潮世代，生下了嬰兒潮次世代。

希望得到母親肯定的母親

田房　不過到了今日，想生女兒的人好像比較多。

上野　這不是因為女性地位上升，而是覺得女兒比較聽話，或是期待老了以後能有人照顧吧。在東亞儒教圈裡，只有日本人偏好生女[16]。中國的出生性別比是一百一十三名男嬰對一百名女嬰（二〇一五）。

田房　咦？男生一百一十三，女生卻只有一百？

上野　差很多吧。但相較於二〇〇七年是一百二十比一百，七年間每年男女差距都逐漸拉近，也算是有所改善。

田房　為什麼會這樣？

上野　自然狀況下，出生嬰兒的男女比例大約是一百零五比一百。中國應該是經過了人為選擇以及墮胎。男女出生之前就面臨了這樣子的歧視。

田房　但在日本，雖然表面看起來男女平等，其實只是讓人看不出來，到今天性別歧視依舊存在。

上野　不過，這也可以說日本至少發展到了理論上弭平歧視的階段。這其實是很大的變化喔。過去對女性的歧視是更加直接而且露骨的。

田房　這些我過去都不知道……

上野　日本在歷史教育上出了問題吧。歷史學家村上信彥[17]所著的《明治女性史》，十分精采。書中詳細的寫出阿信[18]世代的女性都吃些什麼，做些什麼，在家中的地位階級等等。這些也應該放進學校教育裡才對。

田房　真的該放進去，完全沒有教過。

上野　田房小姐的外婆是做什麼的呢？

田房　外婆是主婦，但因為外公開了幾家店，所以也會去店裡幫忙。

上野　這麼說來，或許她算是管理家業的老闆娘，和嫁給受薪族群的家庭主婦很不同吧？

田房　完全不一樣，她是商人的妻子。

上野　不知道她對令堂的期待是什麼？

16　日本出生嬰兒的性別比例，自八〇年代以後大約都是在一百零五比一百上下。二〇一八年出生男嬰 470,849 名，女嬰 447,548 名，為一百零五點二比一百（根據日本厚生勞動省公布的人口動態統計）。

17　村上信彥（一九〇九－一九八三），婦女史研究者、小說家。

18　《阿信》為一九八三至一九八四年播出的 NHK 晨間連續劇。劇中描述一九〇一年（明治三十四年）出生的堅毅女子阿信的一生。創下日本電視劇史上最高收視率六二．九％的紀錄，在全世界七十三個國家／地域播出。

田房　大概是「文靜乖巧」吧。不過，我想家母是喜歡海外旅行，體驗不同文化的人。

上野　在一美元對三百六十日圓的時代海外旅行？

田房　抽獎中了才有機會去的（笑）。不過母親也曾跑去義大利遊學。

上野　令堂真是相當開放、具有挑戰精神的人，才能在母親期待她「有個女孩子樣」之下，也依舊想與長男一爭高下吧。

田房　我現在也這麼覺得。母親大概是用做些愈來愈激烈的事，維持心理上的平衡吧。她會邀義大利朋友來家裡玩，帶對方去淺草觀光，還出動全家歡迎。雖然他們住在下町，但那時代和外國人交流的機會仍然很少。

上野　妳外婆也歡迎她的朋友嗎？

田房　算是歡迎。

上野　在那個時代，年輕女性如果要一個人出國，通常都會遭到父母反對。外婆沒有阻止她嗎？

田房　我不知道實際怎樣，不過母親屬於面對我外公也能翻臉大吵的人。

上野　令堂一路對抗父母過來，照理說該料想得到女兒會反抗自己吧。畢竟自己年輕的時候就是那樣啊（笑）。

田房　對呀（笑）。或許這就是為什麼我和她不合拍。

上野　她難道不會想「我年輕時也是這樣」嗎？不過，這也就是父母自我中心的一面吧。

田房　但母親從沒告訴過我她和外公大吵的事。我是從阿姨那裡聽說的，很驚訝。

上野　不讓女兒知道自己的醜事（笑）。

田房　沒錯（笑）。現在我已經能笑著講這些，但以前很討厭母親這點，對自己不利的事就絕口不提。

上野　對、對、對（笑）。但看到女兒這樣，真的不會想起「我年輕時也是這樣」嗎？

田房　母親只是覺得是我「不乖」，認為錯不在她。她會說：「妳這孩子真容易發脾氣，不聽話。」我常被她念：「妳這樣怎麼嫁得出去」。老是把「要工作」掛在嘴邊，只有這時候才抬出「嫁得出去嗎」「結得了婚嗎」，話都隨她說。所以在我聽來，不管是「要有工作」還是「結婚」，都是母親用來操控我的話。

上野　這就是她控制女兒的方式。

田房　她真正的想法可能完全不同。

上野　妳說令堂真正的想法是指？

田房　對外婆的執念。

上野　「希望母親能夠認同我」的執念？

田房　對。

上野　要獲得外婆的認同，令堂該做些什麼？
田房　不管她做什麼，大概都不可能獲得認同……
上野　這不是太慘了嗎。
田房　是啊，好讓人哀傷。
上野　除非令堂能成為長男。
田房　或許吧。

母親都是壓迫者

田房　不過我覺得，家母作為女人日子還算過得不差。她靠我父親的錢生活，外公外婆也會支助她。
上野　這沒什麼問題，小孩本來就是來向父母討債的。妳應該也讓父母花了不少？
田房　沒這回事，我完全沒拿他們的錢。

上野　比如供妳就讀私立女校？

田房　這倒是，他們還供我上學，哎呀。

上野　也讓妳去讀了想讀的美大不是嗎？這可不能忘記呀（笑）。

田房　竟然差點忘了。他們讓我衣食無缺地長大，我是畢業後才經濟獨立的……在我心中，母親一直是「就算用手段威脅，也要讓孩子聽話的人」「我的操控者」。但長大後開始對此產生懷疑，才開始看到她是「拚了命想得到母親認同的女人」這一面。現在這樣聊下來，我更確定這點。

上野　她作為女兒，是的。但所有的女性，在成為母親後都會壓迫小孩。壓迫者同時也是犧牲者。

田房　這樣啊……

上野　無論是否有所自覺，所有的母親都具有壓迫性。對孩子而言，母親是絕對的強者，表達方式是否極端，只是程度的差別。開明的父母會在開明中施壓，不開明的父母箝制更直接。親子關係無法逃避，不管哪一種父母，對孩子來說都是一場災難。我就因為違背父母的期盼，從母親那裡感受到恨意，「女兒走的路否定了我的人生」。

田房　上野教授感受到母親的怨恨？

上野　清楚感受到。「明明有男人，卻到現在還不肯生小孩也不肯結婚。妳是覺得我的人生很失敗嗎？」大概三十幾歲的時候，母親就說過類似的話。

田房　母女會把彼此的人生拿來對照，母子之間就不會。

上野　沒錯。當兒子的即使走向完全不同的人生，母親也能認同，畢竟性別不同。

田房　孩子沒能「變成這樣的人」或是「從事這樣的職業」，與沒有「跟我走上同樣的人生道路」，這兩種情況對父母的意義完全不同。我的「毒親」系列漫畫，男性讀者非常少。

上野　我就知道。男性看了應該會不高興吧（笑）？

田房　這個嘛，也有很多人說「完全看不懂」。

上野　原來他們看不懂。

田房　根本搞不清楚我想表達什麼。

上野　這也太慘了。兩性如果是在完全無法溝通理解的不同文化下成長，男女即使相遇也很難交流啊。

田房　有電視節目的導播和我聯繫，說是讀過我的書，想來取材。來的是兩位大叔，坐下來就問我：「母親讓人厭煩，到底是什麼感覺？可以告訴我們嗎？」我嚇了一跳，「你們不是讀過了嗎？」（笑）。他們確實讀了我的書，但仍然無法體會，我真的很驚訝。

上野 他們和田房小姐年紀差不多嗎？

田房 不，大概比我大十歲。

上野 田房小姐不是在漫畫裡提過「石像化」嗎？信田佐代子[19]也說過同樣的話。她說，當女兒和母親爭吵到最激烈的時候，父親就會化身石像。

田房 還會從旁邊路過。

上野 真的很厲害，居然能作當沒這回事。

田房 明明就這麼一小塊地方，我和母親在那大吵特吵，父親也能看都不看一眼就走進自己房間。

上野 雨宮處凛[20]稱這為「父親缺席的暴力」。化身石像也是一種暴力，為什麼他們就是不懂呢。

田房 我和母親如果吵得太兇，再下去就會有人受傷或是出意外的時候，父親才會出面阻止。

19 信田佐代子（一九四六—），臨床心理師，著有《母愛枷鎖》等書。

20 雨宮處凛（一九七五—），作家，社會運動者，著有《讓我們活下去。難民化的年輕人們》《世代之痛》（上野千鶴子對談錄）等書。

上野　會出來當和事佬？

田房　對。

上野　也就是說，他就算出面，也不會成為當事人。

田房　沒錯，就是這樣，頂多當當裁判。

上野　這樣的話，令堂不會對丈夫感到不滿嗎？

田房　當然不滿，但我想她對母親的執著和對丈夫的不滿，最後都轉到了孩子身上。

上野　也是。不滿這種情緒會朝最脆弱、最容易發洩的地方走。

田房　還說過「妳以為是誰讓妳有飯吃的？」

上野　這是誰對誰說的呢？

田房　母親對我說的。

上野　咦，令堂說的？不是令尊？

田房　父親對母親或對我都沒說過這種話。

上野　怎麼會是這樣？

田房　是不是！就算被罵「是誰讓妳有飯吃的？」我也只會覺得「是爸爸啊。」她還老說「妳以為是誰幫妳付的學費！」

上野　這種狀況下，母親是以父親代理人的姿態發言，算是狐假虎威。

田房　我很討厭她這樣，討厭到連四年制的大學也不想讀，所以去念了短大，向家裡伸手要學費的時間能少兩年。現在回想起來，母親老是把錢掛在嘴上，那些話大概都是衝著她自己的。「妳以爲妳是靠誰才有飯吃」「沒用的人應該滾出家門」，都是母親心中的罪惡感，一種靠別人過活的內疚感。「我就這樣什麼都沒做的活著好嗎？」母親把這種無法對人透露的心聲，化成了掛在嘴邊的叨念。

上野　原來如此。雖然丈夫沒說，但有些事口頭上不說，態度上也感覺得出來。

田房　我想，家庭主婦的身分應該讓母親覺得痛苦。但身為沒完沒了被遷怒的對象，我覺得自己比她痛苦百倍。讓人想大叫，妳怎不自己想辦法解決一下。

上野　這麼想也很合理（笑）。

出自：田房永子《都這樣了，還是非常母女不可嗎？》（秋田書店）

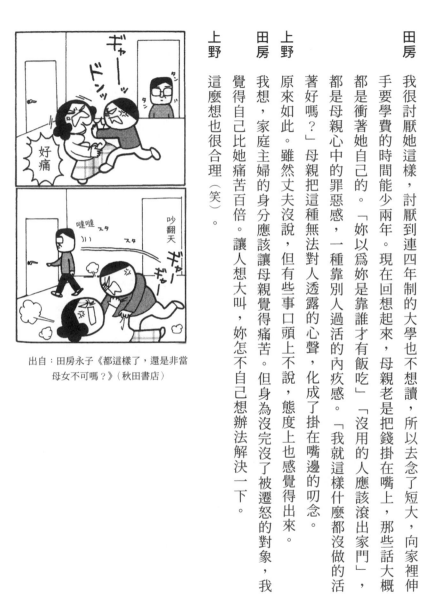

置身事外的嬰兒潮世代父親

上野　令尊每天都會回家嗎？

田房　每天回家，從大亂鬥旁邊路過（笑）。不過還是會回來。

上野　令尊也是嬰兒潮世代吧？哎，嬰兒潮世代的男人。

田房　真的就像石像。

上野　他們始終置身事外。像是在說，我在外頭賺錢回來，也不花心，你們還有什麼好抱怨的。

田房　就是這樣。比起父親，我母親更是覺得：「妳爸他不外遇、不借錢、不賭博。這樣就夠謝天謝地了。」我在大概二十七歲的時候，收到過父親詩一樣的簡訊（笑）。

上野　什麼跟什麼啊（笑）。

田房　好像被什麼上身似的，寫了類似「我總是任性而為，給妳們添了麻煩」的話。在父親的腦海裡，他自己的形象大概是瘋癲阿寅[21]，而我和母親就躲在柱子後面默默守護著他。

上野　令尊過去活得如此瀟灑嗎？

田房　我想就職業來說，父親確實在做自己喜歡的工作。收到簡訊後，我發現自己和父親對事情的認知差很多，十分震驚。我以前一直認為，父親化身石像時是站在我這邊的，保持沉默是為了不刺激母親。不過一次我和母親誰都不肯退一步時，出來仲裁的父親卻站在母親那邊，當時讓我感到很絕望。以為和自己一國的父親實際上卻往母親那邊站，這個逆轉性的事實讓我陷入一片空白。

上野　那是身為丈夫的正確態度。

田房　什麼?!

上野　這種時候當丈夫的必須站在妻子那邊，否則在夫婦關係上就沒有未來了。所以我說那是身為丈夫的正確態度。在重要時刻令尊選擇了妻子，而不是女兒。

田房　這麼說來，要是父親在那種局面下還支持我，或許我也無法主動放手，捨父母自立。

上野　令尊當時的態度值得讚賞。如果後半生還想和妻子一起生活，身為丈夫只能選擇和她站在同一邊。回顧自己婚後與丈夫的關係，妳大概就能理解了吧？

田房　這麼說沒錯。到了今天反而覺得值得感謝。

21　瘋癲阿寅，日本電影《男人真命苦》系列主角車寅次郎。瘋癲（ソーテン）在日文中也有「沒有固定工作，在街頭遊蕩」的意思。

上野　他當時也只能這麼做了。要不要試著誇誇他，「爸，你那時願意站在媽媽那邊，很不錯呢。」（笑）

田房　哈哈哈！在婆媳之間一直站在自己的母親那邊，他還真值得誇獎。

上野　和我父親一模一樣。我家是三代同堂，因為父親是長男，因此和祖母同住。在家裡，如果強勢的祖母和母親發生衝突，父親一定站在自己的母親那邊。那個世代的男人都是媽寶啊。

田房　哈哈哈！我父親也是長男（笑）。

上野　因為他們都是在長男能吃到整條魚的特殊待遇下長大。所以那個世代的男人，是絕對沒辦法擺脫母親影響的。

贏不了那個叫媽的女人

上野　田房小姐剛剛提到，要是令堂生病或許就能對她溫柔。我就是這樣。母親病倒變得相當弱小後，我心中才湧起了惻隱之情。

田房 惻隱之情？

上野 是啊，對母親心生同情，感到不忍。佐野洋子[22]在《靜子》這本書裡寫道，她是在母親失智後才能夠碰觸母親，接受母親。佐野洋子最後與母親和解，寫到母親能在生前患上失智症真是太好了。

田房 母親這種生物，不管是肢體上還是心理上都讓人很難碰觸。

上野 但肢體上抗拒，就沒辦法看護了。佐野洋子小時候想牽母親的手卻被甩開，成為她心中的創傷，影響極大。和田房小姐的外婆一樣，即使佐野洋子是更優秀的女兒，她的母親仍偏愛長男，也對長男期望更深。哥哥去世後，佐野洋子以為應該輪到自己了，結果還是無法取代兄長的地位。這件事成為卡在她與母親之間的一根刺。佐野洋子這麼寫道：「母親應該認為，如果我能代替哥哥死去就好了吧。」如果打從一開始，眼前的就是淒慘可憐的老爺爺老婆婆，我也會想溫柔對待。但親子之間走到這個階段時已經歷過太多。就算對方變得弱小，也不可能就像《恩仇之

22 佐野洋子（一九三八—二〇一〇），為繪本作家暨散文家，其散文代表作《靜子》被評論家關川夏央譽為「母女和解文學」的高峰之作。

外》[23]那樣放下過去。就算父母躺在那裡只剩一口氣了，還是想追問「你當時到底……」（笑），就是壓抑不住心情。我那時就突然對臨終的母親說：「媽，我離開了這個家，才重新養大了自己。」真是用盡所有的力氣，人生第一次把這句話說出口。母親的反應卻讓我震驚，她回：「那我教得不錯啊。」

田房 哇——

上野 很厲害吧?!

田房 太強了，哇哈哈哈。母親就是能把一切功勞都回收。

上野 真是贏不了那個叫媽的女人。

田房 讓人無力（笑）。

上野 半點力氣也不剩，無言。和這種外星人根本不可能溝通的（笑）。

田房 贏不了。被母親這麼一說，就覺得「這樣說也沒錯……」，好像是「一切都要歸功我把妳生下來」。

上野 這種話題在今天還能引起共鳴，但要是令堂那個世代的女性聽到，反應大概會不一樣。

田房 她們大概會說「真是位好母親」（笑）。

上野 哈哈哈。

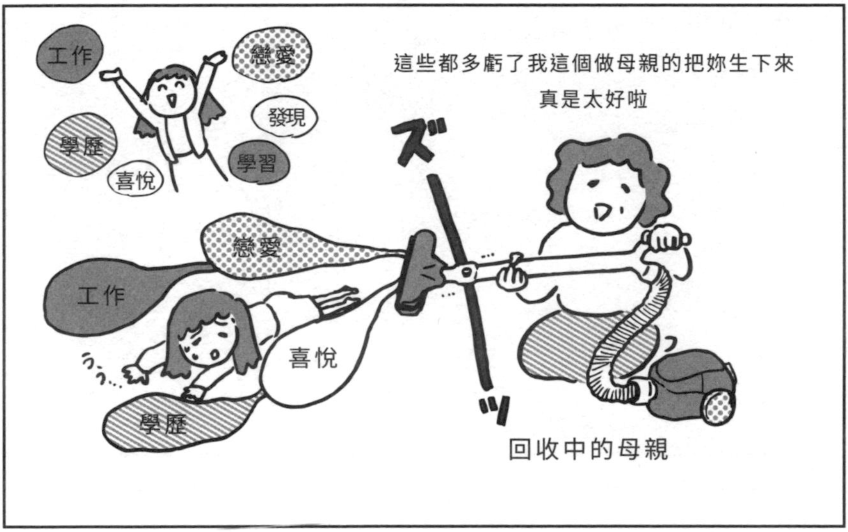

23 《恩仇之外》，菊池寬的短篇小說代表作，以史實為本，加上復仇的戲劇性要素，描述仇討文化的冷酷和人性。

第一章總結　田房

出生在
女人只能依靠出嫁對象
仰賴男人的收入過活，
除此之外
別無生存之道的時代。
這個時代的母親——
……
給料袋
只能把自己的期盼
寄託在下一代的
女兒身上
我們的選項雖然增加了
但是……
工作
結婚
（第二章待續）

第2章

女人過去怎麼抗爭？我們該如何抗爭？

個人的即政治的

田房　我覺得就算是不結婚、不生小孩，為了減輕人生壓力，女人絕對還是應該把一些個人背景，像是自身或家族淵源之類的事，放進社會或歷史脈絡中好好了解一下。

上野　妳說得沒錯。我們是在女性解放運動[24]裡學到這件事的。

田房　這樣嗎？

上野　正如女性解放運動的口號：「The personal is political——個人的即政治的[25]」。女人總是擔憂著與丈夫相處不順、與父母關係不好，到底是自己的錯，還是對方性格有問題……等說出口才發現這些都是常見的煩惱，大家聽完反應通常都是「原來妳也是」。因為在女性解放運動前，女性的個人問題、性生活的煩惱或是夫妻糾紛，這些都被稱為「家醜」，是不能對外說的。

田房　說起來過去是有「家醜」這種說法，以前常常聽到，但現在幾乎沒人在用了。後來是怎麼開始談論個人問題的呢？

上野　因為當時的女性解放運動家發起了一些活動，像是在日本設立女性空間，用來舉辦宿營或活動。

田房 我看過《無所畏懼》[26]這部紀錄片，宿營看起來好好玩，超想參加。還可以帶著孩子一起去，對吧？製作標語似乎也很有趣，我也好想做做看。

上野 我們那時常常舉辦宿營（笑）。

田房 宿營都做些什麼呢？

上野 宣洩怨氣……（笑）

田房 哈哈哈，真情發洩？

24 女性解放運動，women's liberation movement。六〇年代後半至七〇年代期，自美國擴展至全世界的新一波女性解放運動浪潮。十九世紀中葉起歐美為爭取婦女參政權所展開的運動被稱為第一波女性主義，而這波著重於性別平等以及思維顛覆的女性解放運動則被稱為第二波女性主義浪潮。在美國，這波婦運浪潮以傅瑞丹（Betty Friedan，一九二一—二〇〇六）《覺醒與挑戰——女性迷思》（*The Feminine Mystique*，一九六三）的出版為開端，與民權運動、反越戰運動一同展開，相互關聯。日本則是在學運走向退潮的一九七〇年，以國際反戰日這天僅由女性組成的示威活動為契機，形成自發性的社會運動。小型團體在全國各地接連誕生，彼此連結。 參考：上野千鶴子解說《新編　日本女性主義！女性解放運動與女性主義》（岩波書店，二〇〇九）、《性歧視的告發》（一九七一）、溝口明代、佐伯洋子、三木草子編，《資料　日本婦女解放運史》（Women's Bookstore 松香堂，一九九二—一九九五）

25 女性主義口號。認為個人在兩性以及夫婦關係中所遭遇的煩惱和痛苦，是男性中心社會中加諸於個人的政治性產物。政治在此指個人關係裡不平等的權力關係。

26 全名《無所畏懼　走在女性主義之路上的女人們》，二〇一四年以女性主義者的受訪內容回溯日本女性解放運動的紀錄片。導演：松井久子，演出者：田中美津、米津知子、上野千鶴子等。

上野　沒錯，說些在外頭講出來會惹人厭的話啦，談論性愛啦，八個二十到五十幾歲的女人聚在一起做些議題報告。那時候對「能否接受婚外性行為」這題，全體一致同意「我想出軌，但無法原諒丈夫出軌」（笑）。

田房　好誠實，直接易懂。

上野　我們承認人類自我中心的特質，才能敞開心聊。說起來，我們本來就都是些與周遭格格不入的女人嘛。後來才知道，英語圈稱這樣的團體為「consciousness raising group——意識覺醒團體」。當時雖然還沒聽過這個詞，不過我們已經親身實踐了。交換真心話，在共通經驗上產生共鳴，類似今天在社群網站上按讚的感覺。

再往前一步，就是「個人的即政治的」這個口號。這些常見的共通煩惱其來有自，並非只是我們個人的問題。那麼，這些問題從何而來？是什麼促使問題發生？婦女解放運動把這些都串聯起來。具體針對一個個問題發起運動，像是要求設立婦女中心、提供諮詢服務、或是學習女性主義諮商，自己成為諮商師等；在這過程中積沙成塔。可惜的是，這些活動沒有傳承到妳們這個世代。

田房　稍長我幾歲的世代，以及稍晚的下一個世代，依然有女性從事這些活動，但似乎缺乏縱向的串聯……我想問上野教授您為什麼會成為女性主義者？

上野　那個年代還沒有「女性主義者」這個詞，不過有婦女運動者[27]，主要活動組織是主婦聯[28]、消費者團體[29]、母親大會[30]等等。女性解放運動最厲害的地方，就是把主婦、母親等專屬女性的標籤全部甩開。因為當時婦運都打著成為「更好的主婦」「更好的母親」的口號。

27　婦女運動，日文為「婦人運動」，廣義指以提升女性權利與地位，解除女性壓迫而進行的社會運動。「婦人」在日文中除泛指成年女子外，也可用來指稱已婚女子。該浪潮與稍晚的「女性解放運動」不同，後者拒絕接受「婦人」「主婦」「母親」等名詞所意涵的「女性角色」以及性別角色對女性所造成的割裂，是一場「以『女人』接納全部的自己」的運動。參考：上野千鶴子解說《新編　日本女性主義！女性解放運動與女性主義》（岩波書店，二〇〇九）

28　主婦聯，主婦聯合會的簡稱。成立於一九四八年，為日本戰後由婦女發起的全國性消費者團體。

29　消費者團體，指為保護消費者的健康安全以及權利所組織的團體。

30　母親大會，從母親的立場出發，針對日常生活中各式各樣的問題、教育、和平等主題展開交流，促進彼此連結而召開的大會。一九五五年第一屆日本母親大會聚集了全日本超過六十個女性團體約二千人，以反戰反核為中心，訴說各自面臨的問題和艱難。歷年來參加者持續增加，並實際參與小兒麻痺沙賓口服疫苗進口運動、全體高中入學運動、要求增加托兒所數量等社會運動。直到二〇一九年，母親大會的委員會仍遍布全日本，每年持續舉辦以研討會或專題小組為名的讀書會。參考：金谷千慧子《日本民眾與女性的歷史》（明石書店，一九九一）、日本母親大會網站。

森崎和江[31]是當時女性解放運動的先驅，她太棒了，是我十分尊敬的人。當時她創辦的小眾雜誌《無名通信》，創刊宣言深深打動人心。「我們要退還那些加諸於女人之名，期望回歸無名。因為，我們被貼上各式各樣的名字。母親、妻子、家庭主婦、女士、女兒、處女……」這就是女性解放運動與過去母親大會和主婦聯的決定性差異。

田房　這是在哪一年啊？

上野　一九五九年。那份宣言強烈表明，女人不想繼續留在男人指定的座位上。

田房　不是要成為對男人或社會來說「更好的女人」，而是主張我們女人生而為「人」的本質。

性革命與女性解放運動

田房　女性解放運動大概發生在什麼時候呢？

上野　日本是進入一九七〇年代以後開始興盛。在跟先前提到的大學學運結合下，進入了「性革命」[32]時代。

田房　性革命？

上野　那時候愛與革命是分不開的（笑）。「五月風暴」[33]時巴黎有個塗鴉寫「高潮，是我的革命」，哈哈哈。

田房　什麼，為什麼要這樣寫啊（笑）？

上野　在那之前的社會，不僅是日本，全世界的性觀念都相當保守。當時還有「初夜」[34]這個詞，現在已經沒人這樣講了吧？「保持純潔之身直到結婚」，這是不僅是父母，

31　森崎和江（一九二七—），詩人、作家。一九五八年離開夫家，與詩人谷川雁等人一同移居曾因煤礦繁榮的福岡縣筑豐地區，創辦社運圈交流雜誌《圈子村》（サークル村），並於翌年創立發行女性交流雜誌《無名通信》；還訪談當時的煤礦礦工及公娼，寫了《漆黑女礦工訪談錄》；另著有《唐行女》等書。

32　性革命，追求顛覆保守性道德觀念以及思維的運動，希望解除過去道德上視為禁忌的婚前性行為、婚外性行為、口交、自慰等性行為的束縛，以及擺脫性別刻板印象。美國的性革命在六〇至七〇年代之間展開。參考：龜井俊介，《性革命下的美國》（講談社，一九八九）

33　五月風暴，一九六八年五月以巴黎學生運動為開端，席捲全法國的反體制運動。最後雖然以總統戴高樂解散並改選國會而平息，但也影響了日後為爭取人工流產合法化（一九七五年通過。順帶一提，法國避孕藥在一九六七年合法化）、推翻父權及性別角色框架、就業平等等，眾多女性主義團體成立並舉行大規模抗爭和集會的女性解放運動（le Mouvement de libération des femmes: MLF）的出現。

34　初夜，指男女婚後首次度過的夜晚。在女性婚前守貞的前提下，對女性也意味著初次的性經驗。而在中世紀的歐洲等地，領主和祭司則有在新郎之前與新娘性交的「初夜權」。

也是當時女性與她們結婚對象的期望。而對此觀念的反動，在那個時代接二連三地激發出自由性愛[35]或是開放式婚姻等概念。

田房 自由性愛，是指與非婚姻伴侶也能發生關係，對吧？

上野 後來這變成理所當然，大家便把它叫做「婚前性行為」，不過仍然是以結婚為前提，只是先性再婚。再後來，人們就算發生關係也不一定會步入婚姻，婚前性行為這個詞也逐漸棄用。在這之前，上過床就是「要給我負責」，做一次定終身（笑）。

田房 好扯！

上野 很誇張吧？那個時代重視處女的純潔，在歐美也是一樣。現在講起來雖然是笑話了，但不知道田房小姐有沒有聽過所謂的「愛撫」？雖然是ABC的B階段，但只要不做到最後，不弄破處女膜，各種的撫弄技巧都包含在內。這是在美國六〇年代約會文化裡特別盛行的世界奇俗（笑）。

田房 奇俗？

上野 奇特的風俗習慣。不做到最後的「進入」，這不是很妙嗎？

田房 等等，也就是說，以前只有進入才算性行為嗎？

上野 是否進入，決定了有沒有越過「最後一條線」。日本更早之前可是連愛撫都沒有，畢竟男女都得分開坐。而在美國，因情侶文化盛行，鼓勵約會。鼓勵青春期的青少年約會，卻又要求保持處女貞操直到結婚，這種雙重標準就在美國的性文化中，也因此產生施展各種性愛技巧，竭盡所能不弄破對方處女膜的習慣。不管怎麼想，都很妙不是嗎（笑）？

田房 「可以約會，但不能『進入』」，會產生這種奇俗也很自然（笑）。

上野 現在這已經不重要了。

田房 怎麼說？

上野 因為，進去了就進去了啊。

田房 就進去了嗎（笑）。

上野 社會風氣已經大大改變，愈來愈少人在意女性初夜是否出血，是不是處女。避孕技術普及是享受性愛的必要條件。性革命就發生在這風氣轉變的時刻。那時投入學運的人們對性也抱持著挑戰傳統的態度，不分男女，許多人都反對父權社會的處女情結[36]。當時被占領的大學校園也被認為是自由性愛之地。由於女權運動者

35 自由性愛（free sex），指指不拘泥於伴侶或性向所自由發生的性關係。

36 女性在父權社會中被視為男性（家長）的所有物，是由父親贈與丈夫的物品。在這種觀念下，女性被要求必須是未經人事的處女。

田房解說

Ⓐ 接吻　　Ⓑ 碰觸胸部　　Ⓒ 做愛

在我高中的時候，
「愛撫」是個大家聽到
都會噗哧大笑的詞，
平常不會使用

中性觀念開放的人不在少數，也會與男生發生關係。不過一旦親身實踐性愛自由，就會立刻發現嘗到苦果的還是女性。

田房　啊，原來是這樣……

上野　因為不熟悉避孕方法，結果還是免不了陸續懷孕，然後墮胎。女性解放運動同時在世界各國展開，墮胎權[37]是共通的重大議題。歐洲與美國社會實際上相當保守，再加上基督教的影響，女性沒有墮胎的權利，這也帶給她們悲慘的困境。

雖然歐美女性為爭取墮胎的權利奮鬥，日本的女性解放運動卻沒有為此抗爭的必要。因為日本當時實施《優生保護法》[38]，女性能輕易執行人工流產，堪稱墮胎天堂。而在各地，也有優生保護法的指定醫生[39]，可提供較便宜且安全的流產手術。這也是因為日本戰敗後為了減緩人口成長，在《優生保護法》的人工流產條件中附加了適用範圍曖昧的「經濟因素」。日本女性解放運動裡最激烈的抗爭，是當一九七二年法令刪除「經濟因素」這個條件，加強人工流產限制的修正法案提交國會的時候。

---

37 人工流產是牽涉健康、倫理、宗教、人口政策等各種層面的問題，不僅是女性權利，還有關於胎兒權利的爭議至今仍無定論。能夠合法墮胎的國家或是地區亦須符合種種條件，即使是已開發國家，女性能按照自己意願終止懷孕的也不到四分之三。二十世紀的女性主義者雖然成功爭取到了墮胎的權利，但當二〇一八年天主教國家愛爾蘭公投支持廢除墮胎禁令時，美國以及波蘭卻加速推動限制甚至禁止墮胎。二〇一九年美國阿拉巴馬州及路易斯安那州通過嚴格的墮胎禁令，遭性侵害也無法例外，引發以「MY BODY MY CHOICE」（我的身體，我的選擇）為口號的示威運動。參考：《從地圖和數據看女性的世界手冊》（原書房，二〇一八）（二〇二二年六月二十四日，美國最高法院裁定終止對墮胎權的保護，被視為人權史上的一大倒退。至本書付梓前，美國各地人權與女權運動者仍在為此奔走。）

38 《優生保護法》，日本一九四八—一九九六年所實行的法律，使戰前不合法的人工流產得因特別情事而實施。該法成立的背景是日本戰後糧食以及住宅不足和人口增加。《優生保護法》具「保護母親的生命健康」與「預防優生學上的不良後代出生」兩大目的，雖然非預期懷孕或是生產及懷孕過程風險過高者因此獲得有條件的墮胎權，卻也讓日本身心障礙人士在未經同意下遭受強制墮胎或是絕育手術。一九九六年修法更正為《母體保護法》，修法前的法律也被稱為「舊《優生保護法》」。直到二〇一九年，被害者請求賠償的訴訟仍在進行中。參考：http://www.soshiren.org

39 日本在現行的《母體保護法》下，也只有各都道府縣醫生會所指定的醫生才可以執行人工流產。

田房　也就是說，非期望的懷孕實際上相當多？

上野　因為那個時代避孕只能靠保險套，大家又不太會用，導致避孕失敗，還有很多人根本不戴。如同現代對保險套的認識，失敗率很高，「主要是用來預防性病傳染，而非避孕」[40]。當時避孕藥終於問世，尤其是在歐美，性解放與避孕藥的關係無法分割。畢竟若是還得擔心會不會懷孕，性愛又有什麼可享受的？能不能自己掌握安全且確實的避孕方式，是女性性自主能否成立的決定性條件。然而日本在缺乏這個前提的情況下，直接進入自由性愛。這不是很糟嗎（笑）。

田房　超糟！說到避孕，日本到現在也還是

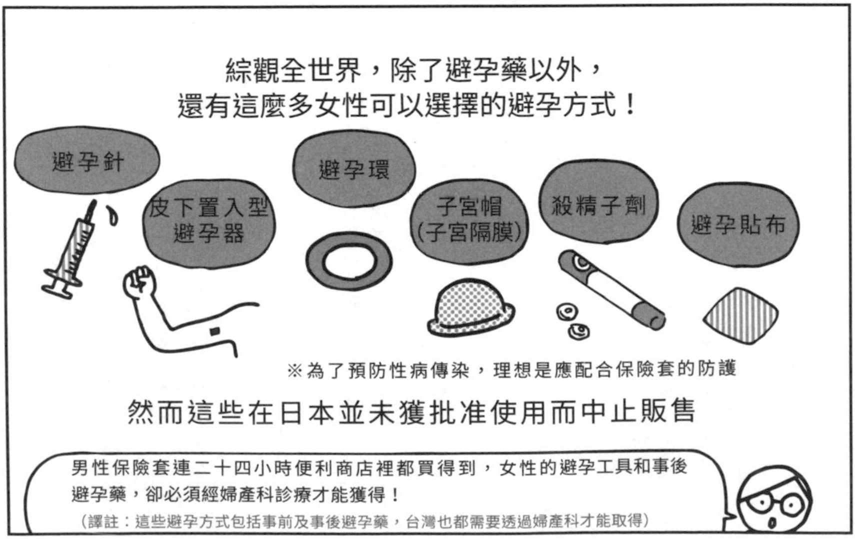

綜觀全世界，除了避孕藥以外，
還有這麼多女性可以選擇的避孕方式！
避孕針
皮下置入型避孕器
避孕環
子宮帽（子宮隔膜）
殺精子劑
避孕貼布
※為了預防性病傳染，理想是應配合保險套的防護
然而這些在日本並未獲批准使用而中止販售
男性保險套連二十四小時便利商店裡都買得到，女性的避孕工具和事後避孕藥，卻必須經婦產科診療才能獲得！
（譯註：這些避孕方式包括事前及事後避孕藥，台灣也都需要透過婦產科才能取得）

很不妙。

上野 沒錯。日本避孕藥合法化比美國遲了四十年，到今天還需要醫生的處方籤才能取得。其他諸如事後避孕藥[41]、子宮內避孕器等以女性為主體的避孕方法，也都必須經過醫生診斷。今天日本女性能選擇的避孕方式，仍然很少。

田房 但後果全部都由女人承擔。

上野 沒錯。那時也是，表面上是男女平等，但在性愛自由下嘗到苦果的都是女性。男人對性愛裡的不平等有多麼遲鈍和不負責任，女人可是好好上了一課。在我身邊甚至有女生在結婚前就墮了四次胎，那真是個未開化的時代，甚至認為「流產也是一種避孕方式」。很誇張吧？

田房 這太過分了。

---

40 保險套的避孕失敗率是二％—一五％（根據日本婦產科醫學會資料），雖然適合用來預防傳染性性病，但若使用方式不正確便無法有效避孕。避孕藥以及其他以女性為主體的避孕法雖普及於海外各國，但在日本，以保險套為避孕手段的比例高達八二％，遙遙領先其他方式。日本二〇一六年的人工流產共十六萬八千人次。

41 事後避孕藥又稱緊急避孕藥。避孕失敗，或遭到性侵時，可用來避免非預期懷孕的藥物，其主要成分為高劑量的黃體素，性交後七十二小時內服用，可抑制排卵和妨礙卵子受精，成功率在八成以上。是WHO認定的緊急避孕必須藥品，也是日本厚生勞動省核准藥物。在世界八十個以上國家不需處方籤即可購買。截至本書付梓前，台灣仍需處方簽購買，食藥屬仍在評估是否開放為指示藥物。

上野　簡直是亂七八糟，不是嗎？就算搞出人命也只會說「拿掉就好」。男人只顧自己，拿會減低快感當藉口不願意戴套。

上野千鶴子成為女性主義者的理由

田房　我對《無所畏懼》裡的一段話印象深刻：「（在學運中）我頂著素顏，顧不上打扮地在占領區域內和男生一起抗爭，但最後是那些化了妝、打理過自己的女生成為那些人的女友。這是我參加女性解放運動的契機。」

上野　這是米津知子[42]說的吧。她說的沒錯，男生都有雙重標準。那些女生在柱子後面咬著袖子目送男生前往戰場，在後方等待，如果男生被逮捕遭到拘留，她們就會按照救援守則為他們送生活用品、換洗衣物，被稱為「救援天使」。

田房　哦——

上野　另外一方面，也有和男生一起加入抗議隊伍進行示威的女生，其中有人被稱為

「抗爭羅莎」，Gewalt Rosa（笑）。

田房　Gewalt？

上野　德文，意思是武力。聽過「抗爭棍」嗎？也是從這個德文字來的[43]。

田房　我聽過「抗爭棍」。（參照頁二二照片）

上野　當時在東大有位女生和男生一起拿起了抗爭棍，她便被取了「抗爭羅莎」的綽號。羅莎的由來是女性革命家羅莎．盧森堡[44]。如果要找女朋友，就選對自己方便的，能忍耐且會在後方等待的女生，而不會找身為運動同志的女生。這就是男人的雙標，就如同今日的「綜合職和一般職女性」（參照頁二〇一註）。

田房　綜合職是抗爭羅莎，一般職的就是救援天使？

上野　沒錯，把女人按用途分類呢。大學學運裡還有另一類的女生，就是「慰安婦」。當時對性較為主動的女生都被男生稱為「公廁」，真是有夠羞辱的詞。占女戰友便宜的同時，又在背後嘲笑她們。

42　米津知子（一九四八—），女權運動者。兩歲半罹患脊髓灰質炎導致殘疾，亦為身心障礙人權運動者。

43　抗爭棍的日文「ゲバ棒」源自ゲバルト（Gewalt）。

44　羅莎．盧森堡（Rosa Luxemburg，一八七一—一九一九），政治理論家、革命家，出生波蘭，活動於德國。

田房　真過分！

上野　這明確地表達出他們對女性有多輕蔑。而我也是在一九九一年「隨軍慰安婦」議題時，第一次知道那原本是日本皇軍[45]對慰安婦的稱呼。以為是我們革命同志的男生私下如此侮辱女性已經夠讓人難以忍受，用的竟然還是皇軍的用詞。我真是震驚到說不出話。這稱呼是出於歷史，還是因為這詞誰都想得到，可能要考證才知道。

田房　皇軍是指天皇統帥的軍隊嗎？

上野　是的。男人高喊「天皇制解體」「粉碎家族帝國主義」，實際行為卻和那些充滿父權思想的老爹沒兩樣。也就是說，那些一起在學校念書，並肩站在抗爭隊伍裡的男生其實都是不得了的父權男。就算腦子裡裝著革命，人也還是個澈底的父權社會大叔。戰前有一則川柳[46]：「共產黨回到家，就是天皇制」，從那時便未曾改變。

田房　我聽過女性主義者和共產黨員的小孩說：「父母在外頭滿口漂亮話，家裡卻是一塌糊塗」。

上野　「忍受暴虐的妻子支持著獨裁的丈夫」這種情形更是屢見不鮮。男方若是為了革命或是階級抗爭之類的「正當理由」而奮鬥，女性這邊就更難反抗。根本就成了大後方[47]吃苦耐勞的貞女。在學運的占領區裡也出現了這樣的性別分工。如果問我當時在那裡做了什麼，那就是捏飯糰。所以，我可是有半世紀捏飯糰的專業經驗。

田房 上野教授的飯糰是哪種形狀啊？

上野 我捏不出外型漂亮的三角飯糰，所以都是做圓的，其實還捏得不錯呢。男生都說，如果吃到看起來醜醜的飯糰，那就是上野捏的（笑）。負責捏飯糰是大後方的妻子、煮飯婆，而這些妻子與慰安婦彼此之間又是互補的關係。明明抗爭沒有性別之分，但現實中的性別落差有多大，女性就得付出多少代價，我在其中深刻體會到了這點。讓我成為女性主義者的理由，是怨恨。

田房 哇噻——

上野 就是出於個人的怨恨和不滿。常有人說「因怨恨而成為女性主義者真是胡鬧」，因為「女性主義應該是不分男女，共同為尋求性別正義而奮鬥」（笑）。

田房 什麼跟什麼嘛（笑）。

上野 我只想說「呸！」

45 皇軍，指隸屬於天皇統率軍隊的士兵。在滿洲事變後逐漸傾向復古主義的日本軍方，便以皇軍自稱。多用來指昭和年代的日本軍。參考：一之瀨俊也，〈皇軍士兵的誕生〉，收錄於岩波講座五　亞細亞—太平洋戰爭《戰場面面觀》（岩波書店，二〇〇六）

46 川柳，日本傳統文學中的一種定型詩體。

47 原文為「銃後」，指未參加前線戰鬥的一般國民。「銃後妻子」是指送丈夫上戰場，守護著家庭的妻子。

田房　哇哈哈哈哈哈——

上野　我就是用恨意在戰鬥，有什麼不對？

田房　就是！

上野　我心裡有張長長的名單，記著「哪個時候在哪個地方，哪個混蛋對我做了什麼，說了什麼」，帶著滿滿「無法原諒！」的心情（笑）。女性主義就是從「我」出發——個人的即政治的！

用牛仔褲奪回性自主？

上野　雖然女性解放運動的女性強烈地希望不再複製父母那樣的兩性關係，但女人愈是自由奔放，卻愈容易被男人占便宜。

田房　原來如此。但占便宜是指？

上野　也就是被當成「可以上」的女人。

田房　我懂了。

上野　就算上床也不必負責，自己則在其他地方找對象，畢業後就請指導教官（即大學或是研究所論文的指導教授。在日本當時的國立大學中仍稱為「教官」）做媒，迅速結婚。我身邊也有這種男人。要是想罵幾句，其他男生就會用「那傢伙也有苦衷」來幫他說話（笑）。

田房　哈哈哈。

上野　女人因此遍體鱗傷。早期加入女性解放運動的婦運人士，都是遭到男性同志背叛的女權運動者。這種事不只發生在日本，歐洲或美國都有類似的情況。

田房　即使是現在，這種性別分工也依舊存在。

上野　對啊。不過在二〇一五年反對安保法案的抗議中，不是有一群學生聚集前往國會示威嗎？聽SEALDs[48]的成員描述，性別分工的現象不能說完全消失，但已和過去大有不同。首先，他們的麥克風會輪流到男女生手上。過去由於女生是後援部隊，幾乎沒出現過拿著麥克風演說的女性。參加運動的女生由於稀少而引人注目，就像是各派別都有個瑪丹娜。

田房　未免太露骨了。

上野　就是這麼未開化的時代（笑）。

田房　當時沒有想要拿起麥克風的女生嗎？

上野　這種女生被稱為「抗爭羅莎」，這稱呼本身就是種嘲弄，暗指這些女生「明明是女的，卻握著抗爭棍」，看起來像個當不成男人的二流貨。成不了戰力，卻還妄想跟男人一樣。

田房　我知道這種感覺，我們小時候也有這種氣氛，像是把這種女生當笨蛋看。

上野　所以說試圖要和男人一樣的女性，都不被人當成一回事。

田房　也就是說，不管做什麼都一樣……

上野　沒錯，做什麼都一樣。

田房　這好討厭。

上野　相較於今日，那個時代對女性的態度更加露骨。

田房　最近常看到女性自稱「Bitch」或是「蕩婦」，已不再是指男人口中「誰都可以上的女人」，而是指自己是「喜歡性愛，希望能多多享受的女人」。

上野　Bitch原本也是拿來罵女人的，不過以前解放運動的女性是自稱「魔女」。那時田中美津[49]她們還舉辦了「魔女演唱會」。不過當時的風氣，也實在讓人很難抬頭挺胸地說出「我就是騷又浪」。

啊，我突然想到一件小事。當時女生因為穿上了牛仔褲，性關係上也發生了變化。

田房　什麼？

上野　牛仔褲在今天很普遍，但那個時候，女生光是穿褲子去學校就會被問：「妳今天要去哪？」「要去示威嗎？」大家理所當然地認為女生就該穿裙子，甚至有教授不願意讓穿牛仔褲的女學生進教室。

48　SEALDs（Students Emergency Action for Liberal Democracy-s），自由與民主主義學生緊急行動。二〇一五至二〇一六年，日本反對第三次安倍政權推動安全保障關聯法案，在國會前發起抗議和集會活動的團體。以十幾到二十幾歲的成員為中心，藉由社群媒體傳播抗議活動，使運動擴散到各階層中。

49　田中美津（一九四三—），針灸師。活躍於日本七〇年代的女性解放運動。在學運最熱烈時發傳單「脫離廁所」，是控訴占領中的性別歧視的「戰鬥女子團」成員。爾後與其他社團合作設立「女性解放運動新宿中心」。

田房　咦，為什麼？

上野　那是神戶女學院大學的美裔男教授在大阪大學兼任時發生的事件。不過也引發了抗議的聲浪。

田房　引發爭議的竟然還是美國人。

上野　對啊，明明來自牛仔褲的發祥國。不過神戶女學院大學是淑女的養成學校，淑女可不能穿牛仔褲（笑）。

田房　這……

上野　很無言吧（笑）。那時牛仔褲都是低腰搭上寬腰帶，然後，女生之間有了有趣的說法，「我穿上牛仔褲以後，就獲得性自主了。」（笑）

田房　為什麼，牛仔褲有這種機能？

上野　才沒有，沒有這種機能（笑）。因為如果她們穿著裙子，一旦男生把手伸進去，不知不覺就會在半推半就下做起來；但要是穿著牛仔褲，除非女方幫忙，否則男生無法輕易脫下她們的褲子，所以「腰帶解到一半，我手就突然停了下來」。「能好好挑選了」（笑）。這就是她們說的「性自主」。

田房　也就是說給了女生選擇要不要的緩衝時間？那之前都是怎麼回事啊（笑）。

上野　在半推半就中隨波逐流。因為當時男男女女睡在一起，順著當下的氣氛就發生了。所以才有女生說牛仔褲讓自己「獲得性自主」，這真是太妙了。因為在這之前都只能穿裙子，那實在是沒什麼防禦力。對了，妳知道褲襪出現的時候，有種說法是「褲襪是昭和的貞操帶[50]」嗎？

田房　咦，什麼？

上野　我今天好像是見證過歷史的活化石啊（笑）。

田房　是因為褲襪沒辦法馬上脫下來嗎？

上野　如果女生不自己動手，很難脫下來。在日本，褲襪應該是在一九六八年和迷你裙同時問世。如果沒有褲襪，我想迷你裙大概也很難普及。

田房　但在今天，褲襪在性方面反而有了其他形象，比如在AV裡還有撕破褲襪這個分類。

上野　因為褲襪後來變便宜了。

田房　原來是這樣。

上野　以前弄壞褲襪可是很浪費的，所以科技進步也有差吧（笑）。

50　貞操帶，十九世紀用來保護女性貞操的道具，鐵製帶鎖。

A面與B面／市場與家庭

田房 上野教授，妳對令和新選組[51]有什麼看法？

上野 怎麼突然問這個問題？

田房 我非常喜歡這個政黨。山本太郎不是說要「在國會裡使出全力，用一決勝負的態度來吵架」嗎？發起激烈抗爭，改變社會，這讓人覺得很有趣。

上野 我認為他的選戰策略相當好，也遇上不錯的時機，僅以兩名身障議員就讓國會發生了轉變，像是議場的硬體就非得大改造不可了。

田房 雞皮疙瘩都站起來了。

上野 讓人實際體認到只要有點子和策略，就能引發變化。患有ALS（肌萎縮性脊髓側索硬化症，俗稱漸凍人症）的舩後靖彥，發言時是使用文字板吧？

田房 我也看過他咬著感應器在電腦上打字。

上野 如此一來質詢時間的限制也被打破了。國會的質詢時間是依政黨按照比例分配的，因此無法想怎麼問就怎麼問。但就像視障考生的考試時間可以延長，身障議員所能獲得的質詢時間也必須加上「合理的考量」。畢竟日本也加入了《身心障礙者權利公約》[52]。

田房　等待工作人員翻譯舩後議員文字板的內容時，我覺得有很重要的事正在這段無聲的時間中發生。

雖然我對女性主義的了解還不深，但覺得社會存在著A面與B面。政治經濟、時間、就業這類是社會的A面，背後的B面則是生命、育兒、看護、病痛、身心障礙等。A面具備某種程度的彈性，B面卻都是些無法取代的重要事物。男人活在A面，女人一開始也在那裡，但面臨生小孩或育兒這些難題時，便被一口氣推得不得不往B面移動。雖然男人病痛或受傷時也是如此，但基本上他們可以一直待在A面。女人則是得不停往返A面和B面，比如在B面被醫院告知「您可能會流產，請多休息」，就得耗費心力去A面與公司協調。

---

51 令和新選組，日本二〇一九年成立的政黨，主席為山本太郎。同年的參議院大選中，該黨患有萎縮性脊髓側索硬化症的候選人舩後靖彥，以及重度身障的木村英子當選不分區議員。

52 《身心障礙者權利公約》（Convention for the Rights of Persons with Disabilities, CRPD），聯合國大會於二〇〇六年通過，目標在於消除對身心障礙者的歧視，促進他們的社會參與度。日本在二〇一四年通過國內批准，成為世界第一百四十個締約國。台灣雖因在聯合國的身分爭議，無法成為締約國，仍以「公約施行法模式」在台灣於二〇一四年通過實施。

上野　將男性的社會和女性的社會比喻為A面與B面，田房小姐的語言表達真的很厲害。這不僅表達出社會具有兩種面相，還包含著相對於A面，B面在其背後、地位較次等的深意。

妳描述得真好。不過，女性主義在很早以前就解釋過田房小姐講的這件事了（笑）。

田房　哎呀，已經有人說過了嗎？

上野　是的，所以我既覺得妳的說法令人讚歎，又對我們過去苦苦奮戰才獲得的概念和詞彙沒有傳遞到下一個世代感到遺憾。

下圖是我在《父權體制與資本主義》中所提出的模式。其中的「市場」領域由成年男性占據，背後則是包含婦孺和年長者在內的隱形「家庭」領域。雖然年幼時大家都在「家庭」領域中，但長大

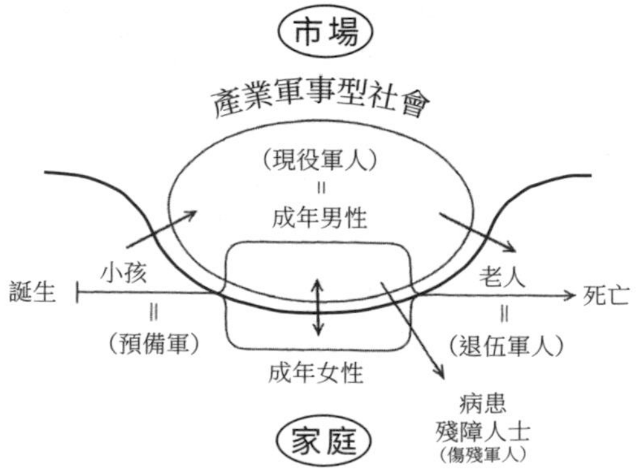

後人生軌道因雙線化而分離，男女性分別走向「市場」和「家庭」，等變成老太太老先生時軌道才又合而為一。

在「市場」中的都是產業軍事型社會的士兵，無法派上用場的人則會被排除於「市場」之外。身為產業士兵預備軍的小孩與退伍老兵的老先生，因爲對「市場」缺乏貢獻而被關進「家庭」這個黑盒子裡，女人則是被丟在這裡。不只是女人和老人家，病人以及身心障礙人士也是如此。這被稱為「公私分離模式」或「市場與家庭二元模式」。所謂的女性主義，就是在類似理論上持續耕耘的學門。田房小姐不熟悉女性主義，卻能用自己的話組織出A面和B面的論述，太厲害了。我在驚歎的同時，也忍不住

田房的「A面・B面」

有點感傷。

田房 我終於搞懂了。而我想表達的是，舉例來說：有個獨自負擔育兒工作的妻子，和一個覺得「只要賺錢就好，照顧小孩不是我的事」的丈夫。如果妻子要求丈夫分擔育兒責任，不管她是冷靜地以離婚作為威脅，或失去理智地哭叫，還是根本就已經累倒，都會引發嚴重的衝突或混亂。但只有像這樣從B面鑿通與A面之間的牆，才能讓在A面的丈夫也不得不往返於AB兩面。若非從B面這裡提出要求，A面幾乎不可能主動為B面做什麼事。畢竟光是置身A面就占盡了好處。我認為山本太郎是試圖在政治的場域裡，從B面這邊鑿通一條前往A面的通道。

上野 妳說的一點也沒錯。

田房 我提令和新選組就是想說這點（笑）。

上野 既然能坐著輪椅進入議會，那麼女議員為什麼不能推著嬰兒車帶著小孩進入議場呢。帶著小孩出席市議會的熊本市女性議員遭受抨擊，還受到嚴重警告[53]。當時其他女議員應該更強硬抗議，大聲反問那有什麼錯，喊出：「我們根本找不到人幫忙帶小孩」「不然你們要在議會裡設立托兒所嗎？」

身心障礙人權運動與女性主義。《優生保護法》修法反對運動

田房　對我來說，女性主義談的就是B面的事。

上野　沒錯。

田房　或者該說女性主義本身屬於B面。不過，正好令和新選組出現的時候，上野教授的東大入學演講[54]在社會上引起震撼。這或許表示A面與B的距離縮短了，或是人們發現「必須認真看待這些事了」也說不定。

上野　如果真是這樣，應該也是由於這近半世紀以來的社會運動累積。我們自己投身於女權運動，另一方面身障人權運動也不斷持續。他們特意在尖峰時段坐著輪椅要

53　二〇一七年，熊本市議員緒方夕佳帶著出生七個月的小孩進入議場出席議會，卻遭議長和其他議場人員阻止。議長以其事前未諮詢議會，導致會議延遲四十分鐘開始，發乂提出嚴重警告。

54　上野千鶴子在平成三十一年度（二〇一九年度）東京大學入學典禮上的演講，提及二〇一八年爆發的東京醫科大學入學考性別歧視正義、東大生性虐待事件，描述女學生面臨的現實情況，引發話題。「女性主義絕非提倡女性在言行上向男人看齊，亦非是要弱者成為強者。女性主義的理想，是希望弱者也能得到同樣的尊重。」全文刊載於東京大學網站。　參考：〈平成三十一年東京大學入學典禮　演說〉https://www.u-tokyo.ac.jp/ja/about/president/b_message31_03.html

求搭乘電車或公車，要求站員將他們「搬上樓梯」。今天幾乎所有車站都設有電梯，就是身心障礙人權運動的成果，因為他們即使遭到謾罵或厭惡，仍為爭取自己的自立與權利而奮鬥。但最後他們的努力有時卻被遺忘，一些健康的人一副理所當然地霸占電梯，把身障者趕了出來。這些人過去或許也曾出口謾罵，最後卻坐享社會運動的成果。

田房 身體強健的年輕人也會這樣喔。我懷孕時挺著大肚子，走也走不快，手裡拿著啤酒的上班族和大學生卻搶在我前面進了電梯，我現在想到還很氣。

上野 那些社運人士的付出真是令人敬佩。

田房 說到身心障礙人權運動，是不是也和LGBT[55]運動有關？

上野 是的。他們在受人嫌惡下引發爭議，但在過程中逐漸累積成果，最後終於獲得社會的關注。

田房 我覺得身心障礙者、LGBT社群、女性主義者，這些群體引發的社會運動匯集成了巨大的潮流。

上野 真高興能讓妳有這樣的感覺。我把這些運動稱為「當事人運動」[56]。各種當事人運動其實是到今日才有合流的趨勢，在過去，弱勢團體彼此關係很差（笑）。

田房　大家原本關係不好？

上野　要串聯社會上的少數族群並不容易，弱勢也會歧視其他的弱勢。女性無法平等對待身心障礙者，身心障礙者也會有性別歧視。但在了解到彼此曾在同樣的時期面臨相同的困難，各自都在奔走之後，各式各樣的當事人運動才串聯了起來。

田房　我完全不知道這些事……

上野　一九七二年時女性便曾和身心障礙者彼此對立。反對《優生保護法》改惡修正案的女性解放運動[57]受到身心障礙人權運動的批判。當時修正案內容是「禁止以經濟理

55　LGBT，由女同性戀（Lesbian）、男同性戀（Gay）、雙性戀（Bisexual）、跨性別（Transgender）英文字首字母組成的縮寫。近年國際上又加入了酷兒／疑性戀（Queer/Questioning）、雙性人（Intersex）、無性戀（Asexual）組成LGBTQIA，或在最後加上「+」號，將更多元的性少數者囊括其中。

56　當事人運動，指不是由具頭銜、資格或權威的專家，而是由受議題切身影響的人所發起的社會運動。「社會弱勢者被剝奪了當事人主權的要求，也就是『我的事由我決定』這個最基本的權利。而這些人是女性、高齡者、身心障礙者、小孩、性少數、病患、精神障礙者、拒學的孩子等各式各樣的人們。因為無法順利融入社會的運作而被視為『問題分子』，由他人決定如何處置自己的人們，開始發出吶喊。」　參考：中西正司、上野千鶴子《當事人主權》（岩波新書，二〇〇三）

57　因反對一九七二年《優生保護法》修正案而發起的運動。該修正案將導致墮胎在實際上遭到禁止，女性解放運動人士因此發起反對示威。而身心障礙團體也發出抗議之聲：「身心障礙者的命就不是命嗎？」。該修正案因未於一九七二年通過而失效，但七三年時被再次提出，又於七四年再次失效。　參考：http://www.soshiren.org/

由實施墮胎」「胎兒若有缺陷可合法墮胎」「由國家指導女性初次生產的時間點」。女性主張「生與不生決定在我」抗議修正方向，身心障礙者則抨擊該法是「將身心障礙者扼殺在子宮內的法律」。那時的田中美津不說「墮胎是女性的權利」，而說「我是殺死小孩的女人」。透過主張「社會所構築的結構讓身心障礙者與女性站在對立側」，說明迫使母親不得不扼殺身心障礙胎兒的，是把一切都推給B面的社會，而我們則處在將女性和身心障礙者置於加害和被殺害關係的結構中。像這樣找出雙方共通的敵人，女性和身心障礙者才得以聯手合作。

田房　我是在進入二〇〇〇年以後，才與中西正司先生合作撰寫《當事人主權》。中西正司是身心障礙者自立運動中具有領袖魅力的領導者，和他聊過後，發現我們都在同樣的年代做著同樣的事，有種豁然開朗的感動。不管是女性運動還是身心障礙人權運動，都是「當事人運動」。性少數族群和漢生病[58]患者等也加入了這股潮流中，大家終於能夠攜手奮鬥。

上野　原來如此。

不過少數派愈是身為少數，愈是容易感到孤立，互相歧視。即使是身心障礙者當中也分視覺障礙、肢體障礙、精神障礙、智能障礙等不同的類型，大家不一定都能站在同一陣線。我現在正在進行高齡照護的研究，高齡者其實很類似後天身心

女性和弱勢團體的衝突被迫放大，
但將兩者逼迫到這樣局面的幕後黑手
是以男性為中心的社會
擠壓——

障礙者——重聽、視力逐漸衰退、半身麻痺、失語症……大家都有某些障礙。若有一定的障礙持續半年以上成為長期失能者，便有取得身心障礙手冊的資格，可以領取身心障礙年金，也能依身心障礙者綜合補助辦法獲得補助，所能獲得的服務在質與量上都比介護保險[59]要好。所以我也和中西正司聊到，「如果年紀大了長期失能，大家一起來發起身心障礙手冊申請運動吧」。然而，對申請身心障礙手冊最抗拒的，正是老年人和他們的家人。老年人不願接受這種身分。領了手冊更有利，為什麼不願意？就是因為過去自己歧視身心障礙者，他們不想受到同樣的對待。

58 舊稱痲瘋病。

59 日本為填補舊有老人福利和保健制度的不足，針對今後的老年照顧所設立的社會保險制度，於二〇〇〇年正式實施。

誰讓職業婦女和家庭主婦一刀兩斷？

田房　女性之間也有類似的狀況。即使大家本身並無此意，但卻被放在對立的位置上。像是職業婦女和家庭主婦、已婚女性和單身女性、有小孩和沒小孩的人。

上野　嗯，不過說到職業婦女和家庭主婦的對立，性質應該和以前不同對嗎？我四十幾歲的時候，社會價值觀仍認為「上班討生活的女人很悲慘」，現在應該不一樣了吧？

田房　前面我也稍微提到過，我在二〇一二年生第一胎時，很驚訝地發現很多人認為「想讓孩子進托兒所的人很可憐」。在他們的眼中，這是因為「丈夫薪水太少，妻子逼不得已才必須出來工作」。不過時隔五年，二〇一七年我生第二胎的時候，這種氣氛就消失了。這五年裡日本變化很大。

上野　一點也沒錯。

田房　我覺得變化得好快。近年反而是家庭主婦比較不吃香。

上野　現在家庭主婦地位下降，是因為非家庭主婦的女性變多了。職業婦女的人數上升，到了四十幾歲也多少進入了管理階層，年收入百萬，一身俐落的打扮，走起路來昂首闊步，難免會被拿來比較。現在已經不是過去那樣放眼望去，人人都是家庭主婦的時代。家庭主婦產生的相對剝奪感[60]——「為什麼我得要受這些罪」，應該比我們當年強烈。

田房 確實如此，收入的差距、還有能夠自由支配的金額真的差太多了。

上野 我們的世代結婚生小孩都早，四十幾歲的時候孩子都已經長大。女人在完成育兒任務後會想做些什麼事，但社會上沒有能接納她們的地方，當時的兼職工作也沒有現在多，只好給自己找事做，因此產生出「社運主婦」。她們不以家務為專職，而是把社會運動當成主要事業。她們曾在一段時間裡十分活躍，參與像是文化、環境保護、食品安全、生活消費合作社的活動。

田房 有人加入宗教團體嗎？

上野 當然也有，我們的對手其實是創價學會[61]呢。

田房 原來有競爭關係？

上野 對呀，爭取的是同樣的族群嘛（笑）。

田房 真好玩。那時跟現在完全不一樣啊。

---

60 覺得他人擁有的自己卻沒有，是一種主觀意識上不滿和缺乏的情感。
61 日本的佛教新興宗教團體。

上野　今天只要想的話，可以做的事可多了，想要工作也找得到。

田房　的確，不管是誰都能經營社群帳號或是 YouTube 頻道，有種夢想無限大，就看點子有多好的感覺。

上野　我和這些社運主婦有過多方面的交流，因為她們在當地人脈很廣。她們的潛力十足，不少位耀眼到讓人覺得「如果是在職場上，說不定會比丈夫更加出人頭地」。

田房　我懂。老實說，和完全不做家務、不照顧小孩的同齡男人聊工作真的很無趣（笑）。反而是同齡的女性說起話來有意思多了。

上野　大家都這麼覺得，畢竟女性的生活經驗更豐富。

「社運主婦」的戰鬥方式

田房　社運主婦的活動也算女性主義嗎？

上野　「草根女性主義」潮流出現後，八〇年代以來日本也有大量的女性投入各式各樣的活動，像是打造互助托育[62]的場所、舉辦研習或是讀書會、在地區上組織互助活動。不過她們應該不會稱自己是女性主義者。社運主婦的典型就是生活消費合作社的社員。她們因為丈夫收入穩定，自己也有空閒，而能從事社會活動。關注的問題大多是食品安全和親子教養，相當於主婦聯和母親大會的延伸，與女性主義的距離較遠。要說女性主義者還是職場女性較多，但她們對社運主婦一半是敬而遠之，一半是帶點歧視；所以雙方關係相當微妙。

田房　職場女性與家庭主婦的對立？

上野　不過人是會改變的。主婦在活動參與中培養出領導能力，累積了自己的力量，不久後她們從事的活動也開始帶來收入，但這樣就會超越原先丈夫許可的「只要不影響家務，做什麼都可以」的範圍，接下來便會引發和丈夫的爭執。這麼一來，不管是丈夫還是主婦本身都必須做出改變。因此，也讓生活消費合作社孕育出許多女性主義者。

62　互助托育，日文原文為「共同托育」，由嬰幼兒家長等組成的共同托育組織。在托育設施尚未公共化的時期，該詞可指未達認定標準的托兒所、或是民間社群自發形成的托兒場所。在五〇年代中期左右的婦運中，托兒所主要是由媽媽們設立經營；而七〇年代女性解放運動潮流則催生出如「東京孕產社」「龍之子互助托兒所」等托育嘗試。今日以東京都為中心，日本各地仍有許多互助托育的團體。

田房 金錢果然強大。我覺得，經濟能力和自信成正比。

上野 對，沒錯。

田房 就像可以和丈夫對戰的武器。

上野 沒錯沒錯。金錢收入是看得見的社會評價。不管在社運上多活躍，只要在經費上仍無法自給，就很難獲得社會正面評價。

田房 要怎麼做才能轉換成收入呢？

上野 好比藉由義賣或是電影放映會募集資金，接下來開設二手物品再生商店。剛開始時每半年或每個月一次，邁入正軌後便常設經營。

田房 真厲害，就像現在的 mercia[63]。

上野 不過這樣也逐漸脫離了興趣的範疇。有遍布整個地區的網絡，回收也能順利運作，還有個正當名義，「反對用過即丟的社會」。

田房 環保意識。

上野 在這過程裡自信心也不斷地累積。九〇年代日本高齡化加劇後，主婦開始從事有償的互助服務。早在介護保險出現前，她們便已串聯出許多的互助服務網絡。在自家看護老人是無償付出，但到別人家照顧別人的父母就有薪水（笑）。她們學到了這個道理，培養照護技巧和經營訣竅，持續累積經驗。這時剛好政府開始推動介護保險，而她們也已不再是從零開始的新手。這些女性加入介護保險，自此創業。所以那一陣子的女性創業者相當多。先不論這樣是否能稱為女性主義，但這也是一種女性的戰鬥方式。

田房 十分讓人敬佩。上野教授這麼一說，我也想起很多人的母親都是那樣。或許正是因為成長過程看著她們，我這個世代的女性已經能把出門工作看成很平常的事。

上野 有能力的女性其實非常多。日本女性明明這麼有力量，這麼充滿行動力，卻不曾得到該有的地位或榮耀。

田房 真的。

上野 也沒有任何頭銜，所以我從來不曾輕視家庭主婦。

63 日本知名二手物品交易網站。

免費幼兒保教引起女性分裂

田房　不過即使到了今日，職業婦女和家庭主婦的立場仍然相左。

上野　兩者之間的差異，在於能否換取報酬、是否擁有市場價值。與其說立場不同，或許該說是被分割開來。

田房　就是這樣。不只職業婦女和家庭主婦被劃分成不同的群體，小孩能夠進入托兒所的母親和進不了的母親之間也產生了分裂。本來應該是地方行政機關的審核標準或是各托兒所的情況，決定小孩是否能進入托兒所，母親之間沒有衝突，但有人因小孩無法入學而得辭去工作，因而感到自卑，而小孩能入學的也感到內疚。這不正是因為國家無法因應母親需求設立托兒所而引起的分裂嗎？

上野　妳這麼說也沒錯。

田房　不僅如此，二〇一九年十月起幼兒保教免費政策實施[64]，更加劇了這種分裂。首先「妻子想工作，但因為申請不到托兒所只好在家當全職媽媽的家庭」和「雙薪又能免費就讀托兒所的家庭」，兩者的所得差距將進一步擴大。此外，設施和托育品質皆獲政府認可的指定托兒所可享全額補助，其他托兒所是部分補助。這些政策都讓小孩年紀相仿，本來該成為盟友的這些母親被深深地切割開來，真是十分過分。

上野　沒有人表達不滿嗎？

田房　雖然覺得應該發聲，但我卻是孩子能夠免費就學的那一群人，每個月能省下幾萬日圓，真的很難開口。感覺就像我們突然被劃分成「獲得利益的A面」與「沒得到利益的B面」。但若政府說「那麼恢復收費吧」，我一定也會很抗拒。

上野　這正是分裂的結構。為什麼沒有人發起抗議，要求「免費托育的預算拿來增設托兒所」呢？這個議題無法引起大家的政治參與嗎？

田房　半點參與度都沒有。都只會在推特上一起抱怨和按讚，發洩一下就結束了。就算覺得該做些什麼，看著安倍政權就不禁覺得抗議也沒用，政府不會傾聽我們的意見。但沒有過成功的社會運動經驗，可能也是原因……

上野　也是，既缺乏社運的訣竅，也沒體驗過成功。少了前人的經驗傳承，就必須靠自己

64　日本自二〇一九年十月起，就讀幼稚園、托兒所、政府指定幼稚園的三至五歲兒童，以及免除住民稅家庭送托零至兩歲的幼兒，皆可免費入園（未實施新制的幼稚園以及非政府指定托兒機構，則僅能獲得費用補助）。此政策實施後有保教機構趁機調漲費用，也有幼稚園被以規模太小為由被排除於該政策外等，問題逐漸浮現。

田房　從頭開始。田房小姐能自己想出A面B面的描述十分厲害，但其實也能「站在巨人肩膀上」。不管做什麼，如果都能站在前人的肩膀上，而不是從零出發，也就能夠眺望到遠方。就連我們這一代，也是仰賴前一代姊妹的努力成果前進，所以我們的經驗沒能傳到下一代，我覺得很遺憾。如果能讓妳們不必從零開始就好了。

上野　確實是如此。

田房　組織抗議或集會的訣竅很多，但都沒人來問（笑）。

上野　該怎麼做才好呢？比如說在免費幼保的問題上，不知道能從何處開始。

舉例來說，可以寄信向各政黨表示「預算編列的方向錯誤，請把錢優先花在讓所有小孩都能就讀托兒所上」，要求他們表態贊成與否。並表明只支持贊成的政黨，藉此對政治產生影響。今年夏天的參議員選舉[65]是很好的時機，可惜選舉已經結束了。向每位候選人提問，在網路上公開他們的回答，迫使候選人表態。此外還可以舉辦公開辯論等，有許多活動能舉辦，甚至網路直播活動實況。

田房　原來可以這樣操作啊。

上野　現在只有需要托育的幼童才能入園不是嗎？為什麼處在育兒階段的父母沒有人表示，「既然都要花這筆預算，應該先讓全職媽媽的小孩也能入園」[66]。

田房　真的，妳說的沒錯。

上野　當年〈申請不到托兒所的日本滅亡吧!!!〉原本也不過是一則部落格貼文，山尾志櫻里[67]議員在國會念出後，安倍晉三的答覆卻是：「既然是匿名發表的內容，便無法確認是否屬實」，這讓一群父母舉著「說申請不到的就是我」的標語在國會前抗議，並登上媒體報導。即使聚集的抗議人士只有幾十人，只要畫面能吸引注意力，就可能推動政治或輿論關注。而這可以透過策略安排，但不知為何沒有人去做。

田房　因為沒想到，或是覺得這種做法不好吧。

上野　嗯……現在活動規模不斷擴大的，是反性暴力的鮮花示威[68]。

田房　是的，我一開始也參加了，但後來漸漸就不再去了。我覺得自己不太適合去抗議……

上野　這世界沒人適合。

田房　啊，這樣嗎？我一直覺得跟人在外頭聚集很難……忍不住會想要回工作室畫漫

65　應指二〇一九年第二十五屆的日本參議院議員通常選舉，為每三年舉辦一次的大選。

66　目前日本托兒所仍僅供家長在職或是患病的家庭申請。

67　山尾志櫻里（一九七四—），日本前立憲民主黨眾議院議員，二〇二一年離婚後恢復舊姓菅野。

68　日本法院對數起性侵案件的判決（請參照頁二〇七表格），使日本民眾憤怒情緒以及質疑聲浪高漲，二〇一九年四月在東京行幸通舉行示威。以此為開端，示威抗議擴散到日本全國，直到二〇二二年夏天仍在各地持續活動。

上野　畫，做自己的事。這麼想很自然。

田房　原來大家都這樣嗎？也是（笑）。我在想有沒有什麼方式，能夠讓我不上街參加示威，也能表達自己的支持。

上野　其實可以發揮自己的專長，田房小姐不妨用漫畫表達。

田房　沒錯，我可以畫漫畫參與。另一方面，我也覺得對「免費幼保」或是「性暴力問題、不合理的性犯罪判決」，不能保持沉默。但即使能登高一呼，我也沒有自信能夠一路參與到最後，這些都讓我糾結。

上野　沒關係，這樣就行了。沒人投下石頭，就無法產生波浪。只要能引發浪潮，之後就交給受浪潮拍打的人在各自的領域裡繼續。

田房　這樣啊……對，這件事得有人掀起波浪。「免費幼保」實在詭異，有的人享有免費，有的人沒有，這十分奇怪。

上野　換個角度，也可以把這政策看成一種手段，分裂女性，同時壓抑兩邊的聲音。政治人物可是非常狡猾的。

田房　一點也沒錯。實際上我老覺得有種被操弄的感覺。這大概不是錯覺，是事實。

上野　而且用的還是國民的稅金，這種手段實在讓人不爽。不管是執政黨還是在野黨的政治人物，都把性別相關政策的順位往後放。

田房 沒錯。

田房 那時做了什麼呢？

上野 要政治人物把這些政策的順位往前提，可以要求他們表態。我們WAN[69]也在《候選人男女均等法》[70]時公開了相關數據，負責的是十人左右的小團隊。

上野 公開二〇一九年夏季參議院選舉的各政黨候選人男女比例，並製成圖表。由於《候選人男女均等法》前一年才在國會中獲得各黨派一致通過，正好能藉此觀察是否產生實質影響。大眾媒體對這個議題關注度不高，讓我們覺得只能自己來了。在更早二〇一二年眾議院選舉的時候，我們也向所有政黨發出調查問卷並公

---

69 WAN（Women's Action Network）是由上野千鶴子擔任理事長的非營利組織，以推動實現兩性平等社會為目的，提供女性情報以及互相交流的場域，建構女性網絡，為她們賦權。

70 《候選人男女均等法》，正式名稱為《男女共同參與政治推進法》，為日本要求政黨在選舉中所推出的男女候選人數盡可能平均的法律，但並無具體罰則。二〇一八年獲得國會全體一致通過而成立，但在該法通過後首次的國會大選，也就是二〇一九年七月的參院選舉中，女性候選人數僅達全體的二八％。按女性議員候選人比例高低，則依序是：社民黨（七一％）、共產黨（五五％）、立民黨（四五％）、幸福實現黨（四二％）。其他九黨則出現明顯差距，最大黨自民黨的候選人中女性甚至僅占一五％。參考：WAN HP https://wan.or.jp/article/show/8463

開結果。以「我們希望更多性別平等政策」為訴求設計問題，進行調查並公布回答，這樣一來就能清楚展現出各黨對性平議題的重視程度。透過網路，就算只是個人的發想也能發聲，傳播資訊的門檻降低。也希望大家多多利用ＷＡＮ，畢竟也是好不容易才建置起來的網站。雖然即使說出來，有些事也很難改變，但保持沉默，世界就不會有任何變化。

田房　真的，我希望自己未來也能持續下去，不管石頭多小都要擲出，讓聲音變大。

第二章總結 田房

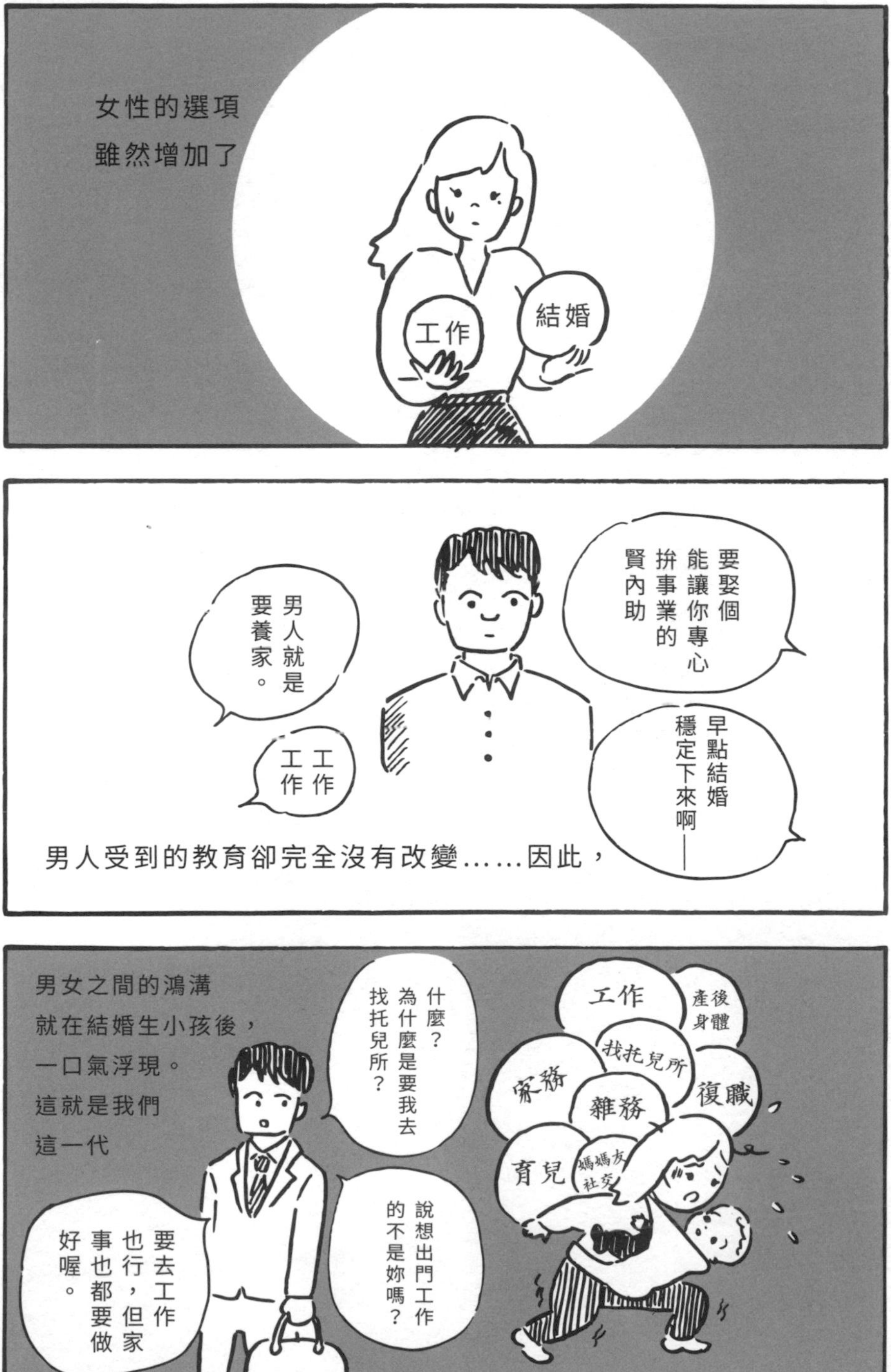
女性的選項
雖然增加了
工作
結婚
要娶個能讓你專心拚事業的賢內助
早點結婚穩定下來啊——
男人就是要養家。
工作工作
男人受到的教育卻完全沒有改變……因此，
男女之間的鴻溝
就在結婚生小孩後，
一口氣浮現。
這就是我們
這一代
什麼？為什麼是要我去找托兒所？
說想出門工作的不是妳嗎？
要去工作也行，但家事也都要做好喔。
工作
產後身體
找托兒所
家務
雜務
復職
育兒
媽媽友社交

第 3 章

來認眞想想結婚、戀愛，還有養小孩

戰場轉移到日常生活的女人

田房　女性主義主要是在「爭取女性活躍於社會的權利」。不過在戀愛或結婚這樣的私領域裡，也能實踐女性主義嗎？

上野　前面也曾提過，在我那個世代沒有步入婚姻的女性非常稀少，至於未婚生子更幾乎是不可能的事，不但會受到強烈的非議與社會壓力，實行上也困難重重。所以懷孕後女性幾乎都直奔婚姻。在這種情況下結婚的解放運動參加者或是女性主義者，都會與丈夫有很多衝突。我們都說這是「戰場從非日常轉移到日常」。革命不是非日常嗎？男人沉醉其中，如痴如狂，卻澈底敗退，然後回到女人身邊，與她們結為伴侶組織家庭，不久後小孩就出生了。當時的社會毫無育兒支援，來自地方的青年身邊也沒有長輩能幫忙。這些年輕又缺乏經驗的男女就在都市裡一同生活，為了養小孩和生計拚命奔波。女人就在這種狀況下，賭上一條命般地緊逼著丈夫面對夫妻和小孩的問題。那時身邊女性甚至流行起「一人一殺」的說法（笑）。

田房　當妻子的得要有殺夫的覺悟……

上野　那原本是戰前右翼恐怖分子的口號，此時意思變成：「雖然改變社會的革命失敗了，但我這輩子至少也要改變一個男人」。

田房　現在的妻子好像不太會這麼想。

上野　這我反而無法理解。

田房　我剛當上母親的時候，常常在育兒雜誌上看到「把什麼都不做的丈夫當成家裡的狗吧」。我的世代裡有種無形的束縛，「女人必須對男性溫和順從」，真希望讓「一人一殺」的概念復活。

上野　聽起來像是即使談了戀愛、有肉體關係，卻沒有真正地「踏入對方的個人領域，打破自我邊界」。無論男女，戀愛或結婚都是把對方捲進自己的人生，成為彼此人生的一部分。但聽妳形容的像是沒有認真投入其中，與伴侶不建立、不經營，甚至是避免深入的關係，不知道你們的下一代是不是就在這種氛圍下成長。

田房　我想是的。

上野　這麼說來，像妳這樣會和丈夫正面對決的，在同代裡極少，這可是需要全力以赴的事呢。我們這個世代的女人則是緊追著男人不放，步步逼近到死角。舉例來說，即使是去托兒所接小孩這種小事，也會逼問丈夫：「為什麼非要我去不可？」「為什麼你不能請假？」面對三餐則會追問：「是誰要做飯？」「該不會把我當成煮飯的歐巴桑了吧？」「你以為你是誰啊？」

田房　咄咄逼人呢（笑）。但我覺得這樣比較好。

上野　嬰兒潮男性是被更老一輩養大的，就算腦袋是個自由派也不會起身動手，家事和照顧小孩都是女人的事，這種觀念已經深入他們骨子裡。我認識好幾位女性面對這種男人也毫不相讓，緊咬對方不放。當中也有讓人想喝采的。一位女性和喜歡的男人同居，因為想要孩子而生下小孩，過了三個月單獨照顧嬰兒的日子後，她抓著要去上班的丈夫的腿大喊：「別走，你是想要我和小孩死嗎？」要是那時男人回她：「我知道了，等我下班回來再談。」大概就無可挽回了吧。不過她的丈夫停下了腳步，沒去公司而是好好地面對妻子。

田房　很不錯。

上野　對吧？請假在家和妻子澈底攤開來溝通，結果丈夫離開了原本的公司，找了一份能有更多餘暇的工作。後來這位妻子輕快地笑著說：「雖然收入減少了，但我們關係更融洽了。」有這種男人，也有像她這樣要求男人必須面對的女性。

「一人一殺」。從家庭改變社會！

田房　自從我畫了《不想再當憤怒人》，有時會被當成「家暴妻」來介紹。生氣發飆、大吼大叫、動手揍人，這些暴力行為確實屬於家暴的範疇；但女人生完小孩對男人發怒是因為攸關性命。這樣說會被指為「把自己的行為正當化」，所以一直很難說出口，但今天就講出來吧（笑）。當妻子的在懷孕後就必須在B面與A面間往返奔波，但身為丈夫的卻可以一直待在A面，對B面只要偶爾瞟一眼就好。妻子在生下小孩後不得不長時間留在B面，這時若丈夫不能配合在B面與A面兩邊跑，妻子就會非常辛苦。當妻子必須前往A面時，如果丈夫不來B面，就會忙不過來。然而丈夫對此毫無意識，偶爾來B面換個尿布什麼的就覺得自己做了很多。而且連換尿布都不想的時候，男人也做得到撒手不管，等人來做。他們其實不是刻意的，這些舉動都是再自然不過。

上野　確實如此。他們沒惡意，因為那些觀念都變成身體的一部分了。

田房　產後的妻子就是眼睜睜看著丈夫在這種脈絡下占盡便宜，一邊照顧小孩，然而自己已經累到連將這份不公平化為語言的力氣都沒有，只能在再也忍不下去時發飆抗議。我一直在想，男性以暴力威脅控制女性叫做家暴，女性的這種抗議能用同樣的詞彙嗎？

上野 應該有人說「女性也會成為施暴者」吧。

田房 我就被罵得很慘。

上野 被父權媒體嗎？

田房 讀者偏男性或女性的媒體都有。

上野 但只要認真讀過妳的書，就知道不是那麼一回事。

田房 也有人光看標題就批評「這怎麼像話」。不過，我們也應該深入解析女性的暴力行為，不然這些絕對會轉移到小孩身上。

上野 對，妳說的沒錯。

田房 這個問題需要社會全體共同面對，需

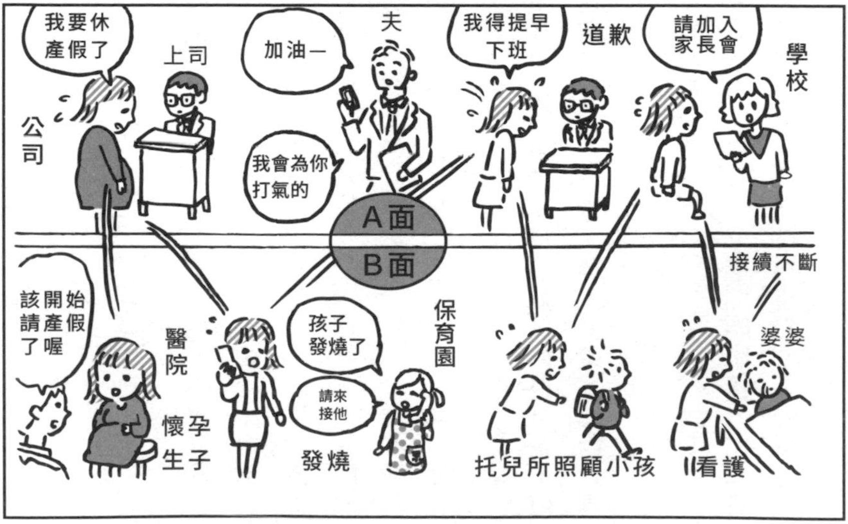

要透過良好的溝通討論。但這點卻被丟到旁邊，媒體一報導就成了「家暴妻」或是「失控妻子內心的黑暗」。而我也推不掉這種採訪。

上野　也就是說男人都逃之夭夭了。田房小姐的丈夫忍受了妳的暴力，表示他沒有逃走。

田房　是的。還有一點，就是對他而言那構不成什麼傷害，根本還不到需要逃開的程度。畢竟多數夫妻在體格上，丈夫都是較有利的一方。

上野　大概就像是寵物玩耍的啃咬嗎？但即使只是這種程度的暴力，妳的丈夫沒有逃開，代表雖然只要他想要，就有能力加倍還手，但他沒有，而是留在原地接受指控。

田房　對，大概只覺得「竟然這麼生氣，應該有原因吧」，一點也不緊張。就算揍他肩膀也沒什麼反應，等到我離家出走了，他才終於意識到「老婆竟然火大成這樣，得想想辦法」。但我這邊都快要沒命了。和母女關係一樣，夫妻問題既是得要兩人共同解決的私人問題，同時也是性別議題與兩性關係的社會問題。對丈夫發出控訴，就是對父權體制發出控訴。

上野　妳說得沒錯。丈夫背後是父權體制帶來的既得利益，妻子控訴的是這種狀況下產生的不平等。我還知道另一位了不起的女性。她不斷地追問丈夫，最後終於讓丈夫說出「這又不是我能負責的，妳幹嘛怪我」這句話。這位丈夫的意思是，他有工作，而妻子沒有；他的薪水高，而妻子即使出門工作收入也較低，但他不認為自己需要為這些落差負責。能讓丈夫說出這些，實在很厲害。丈夫的這句話，讓這些現象背後的父權社會既得利益浮出水面。

田房　就如同母親帶給女兒的暴力和不愉快會形成連鎖效應，丈夫或說男性所承受的社會暴力，也會轉移到妻子或小孩身上。因此從妻子的角度來看，對丈夫的憤怒中，摻雜著很大部分對全體男性或是父權社會的怒火卻全發洩在丈夫一個人身上。我想這是有必要釐清的。

上野　但正因為是男女關係，才那麼難釐清。就如女性解放運動的口號「個人

不照顧小孩也不會被認為是失職父親
啥時回家都可以
喝酒聚餐
上酒家
薪水比女性更高
既得利益者的丈夫
嗯～～～
妳說這些權利啊
跟我講
也沒用啊
隨便啦！
輪到你了！
快回來
帶小孩！！！
只發得出慘叫的妻子

的即政治的」。政治就展現在人與人的關係當中。

田房　就我個人的感覺，逼迫丈夫參與家務和育兒，其實也是在消除父權對夫妻之間的影響。如果不能在家庭裡一個一個地解決這些問題，社會就無法發生轉變。

上野　就是這樣。如果不從這裡開始，什麼都改變不了。所以才說是「一人一殺」(笑)。

田房　還是應該讓這句話復活才好(笑)。

上野　但原本是恐怖分子的口號喔(笑)。女人在緊逼丈夫面對的過程裡也會發生變化，也必須要求對方做出改變。為了改變對方，就得建立夫妻彼此都無法逃開的關係。男人總是逃得快，所以這種關係得由女方來構築。

我剛剛舉的第一個友人的例子裡，如果男人說出：「我知道了，等我下班回來再談。」當下，這段關係就走到了盡頭。因為女人擁有劃下句點的魄力。如果男人在那一刻逃避問題，就再也沒有解決的機會。撫養小孩不正是女人最焦躁忙碌的時期嗎？若是丈夫在這段期間都彷彿不存在，不滿的情緒便會累積。現代人靠社交平台發洩壓力，但這也讓夫妻關係愈來愈難修復。

父權紅利加身，男人很難發生變化

田房　我身邊有小孩的男性裡，能自動做家事帶小孩的，大多都是被妻子嘮叨到會的。比起從前，現在會做家事和照顧小孩的男性雖然變多了，然而沒有妻子的三催四請，一開始就會自己動手的人可說幾乎不存在。

上野　我也是這麼認為。要改變男人只能靠女人了，要是女人不開口，他們就不會改，絕對不會。

田房　絕對不會。

上野　他們不會自己改變。

田房　果然，想要男人自發地改變是不可能的。

上野　在我的經驗裡是接近於零。這世上就是有這種理論上存在，但實務上卻不可能的事物。理論上是存在的。

田房　夢幻丈夫（笑）。男人可以不必負擔家務育兒，我想這也是屬於上野教授剛剛提到的既得利益。因為是社會所給予的「男性紅利」，他們不可能自己放手。所以這就是奮鬥目標，讓他們不再緊握男性紅利。我們也必須使出渾身解數才行。

上野 是啊，說起來那原本就是讓男人能贏在起跑點的基礎。即使毫無自覺，他們也是從一開始就有優勢，我想任何男人都很難靠自己覺察並做出改變。所以才說「要改變男人只能靠女人了」。

田房 這不是個人層次的問題。但每每談到「男性紅利」，都會有男性跳出來說「我沒有」。明明談論的是形成這種結構的問題社會或問題環境，應該加以改善，但他們就是聽不懂。「一人一殺」也是這樣產生的吧？這果然也是個「個人的即政治的」的例子。雖想要一次改變整個社會很困難，但如果每個家庭都能讓一個男人發生變化，整個群體也會有所不同。

上野 所以每天都得打破男性紅利，再微不足道的事都要一件一件質問到底。要改變男性建構的文化，這是必須的。他們身上花費二十年學習到的父權文化，要鬆動或許得花上同樣長的時間。前面提到的朋友都是實踐者，她們幾乎是把男人堵在牆角追問，絲毫不給他們逃走的機會。然而從嬰兒潮次世代開始，夫妻大多數會平靜地迴避彼此，也不會互相干涉，像是與伴侶保持了距離。

田房 「說丈夫壞話」是主婦交流的話題之一，但我卻不太喜歡參加。對我來說，回過頭思考丈夫為什麼會說那些話，我自己的感覺如何，都比和其他主婦說丈夫壞話更有意思。推特上也有很多類似的留言，像是「我老公居然說了這麼過分的話」、或是「老公什麼也不肯幫我做」，都會有幾萬的轉推數。

上野 我倒會覺得，「別在這裡講，去對妳丈夫說啊」。

田房 我也是這樣想。但那些女性似乎聚在一起聊幾句就結束了。

上野 這就只是在發洩情緒。

田房 發洩得掉嗎？

上野 一瞬間應該輕鬆不少，但不久又會再累積（笑）。

國王一時興起
KING
從今天開始
每個月都發給你們 20 萬
只有 Z 村村民才能拿
什麼?!
太幸運啦
這很不公平吧？
我們應該講求公平！
請拒絕領這 20 萬！
一起站出來吧
哈哈，這個嘛～
我不太懂啊
快速通過
…

要既得利益的一方自己放棄好處相當困難

別小看結婚和戀愛

田房　上野教授，您認為夫婦應該是怎麼樣的呢？

上野　雖然不能說「應該」，但我覺得結婚是要把對方納入自己的人生，讓自己的人生也變成對方的一部分，是生命中非常重大的選擇，需要認真面對。即便這樣，也有人是出於社會習慣或風俗，就這麼步入婚姻。我認為婚姻不該是這樣。雖然我不想結婚，但會和男性同居，同居這件事在進入彼此生活這點上和結婚相同。雙方都需要磨合，並處理隨之而來的轉變。一輩子面臨這種選擇的次數其實也不會太多。所以會想：「我能和這個人白頭偕老嗎？能做出這種承諾嗎？」想到最後我的答案是，「抱歉啊，我連明年的事都不確定了」。這是我認真過頭的想法（笑）。

田房　我倒覺得夫妻關係非常有趣。就算吵架也好，還是帶著一種要一起經營下去的心情。

上野　我不知道結婚和戀愛是否相同，但一段進入彼此生活的關係，也是一種自我探索。這是了解自己的最佳時刻。狡猾、自我中心、犧牲奉獻、情感充沛、寬容，關於自己的所有面向都可以在裡面發掘。這種會彼此傷害的關係，友情裡是不會有的。擁有女性好友的感覺很棒，但那和戀愛結婚完全不一樣。

田房　確實，朋友之間不會「一人一殺」（笑）。

上野　雖說禮教上沒有明確的約定，但朋友之間通常不會干涉對方。維持著適當的距離，尊重對方的生活，也不會把自己的生活賠進去。戀愛則是因為希望建立起親密的關係，必須跨越彼此的個人界線。

我認為，有過親密關係的人生會比較精采，因為過程裡可以學到非常多。對於有人不願意經歷，總是覺得不可思議。對我來說戀愛並非只有享受，總是帶著苦澀，因為幾乎都在相愛相殺。

田房　哈哈哈。要打破界線進入對方的個人空間，或是讓對方進來，討厭這種關係的人，不分男女都很多。對我來說，丈夫則像是個絕對不會分手的對象。但相愛容易相處難，所以得思考如何逐一跨越，彼此之間也會有些糾結矛盾。

上野　生活就是諸多小事的累積，特別容易展現出一個人的生活態度或價值觀。我也沒養過小孩，不知道有沒有資格這樣講，不過，個人的價值觀很容易反映在親子教養上。這時就很可能遇到無法讓步的狀況，雙方僵持不下，爆發一堆覺得「無法原諒」的事情。但若在這時建立起深入到足以傷害對方的親密關係，自己也因此負傷，並相互理解，便能一起成長。有些人似乎不會進入到這樣的溝通，我覺得很難想像。

剛剛田房小姐提到，有些人會在社交平台上抱怨丈夫。東大畢業生裡也有這樣的女孩。我教過的女學生大部分都會用育嬰假的空檔來探望以前的老師。雖說是空檔，但畢竟是人仰馬翻的育嬰時期，來找我的女生通常都垮著臉，像這樣（雙手撐著臉頰），會說「對丈夫說什麼都沒用」。菁英女性的丈夫也是菁英，收入都很不錯，因此只要妻子願意請育嬰假在家帶小孩，自己就能專心工作，生活在生小孩前後也幾乎不會有變化。有個學生就是這樣，她突然說：「我受夠了，我對他沒有任何期待了。我們已經完蛋了。」我沒料她會這麼說，竟脫口而出：「那妳要繼續對完蛋的對象張開腿嗎？」

田房 噗！張開腿（笑），真是個好問題。

上野 然後她的眼淚掉個不停，我無言了（笑）。只好告訴她：「這些話與其說給我聽，不如讓妳的丈夫知道。」為什麼會迴避和伴侶溝通呢？

田房 不想引發混亂和爭執吧。如果發生了什麼大變化，自己也得跟著做出改變，但實際上已經沒有面對改變的餘裕了。與其應付變化不如選擇不滿，然後發洩在社交平台上，大概是這種感覺。

上野 但眼前不是還有活生生的一條命嗎？

田房 活生生？是指小嬰兒嗎？

上野　對啊，小生命可容不得逃避。

田房　但這樣的人，他們好像壓抑了所有的感知，彷彿要把自己抹除掉。我曾經收到朋友的電子郵件，哭訴丈夫什麼也不做，讓她很痛苦；明明不是害喜，但一坐上電車身體就不舒服。我說服她，「把妳在信裡對我說的這些事都告訴丈夫吧」。最後她的丈夫終於答應在週末接手帶小孩。雖然也只有在週末。

上野　就是像這樣。年輕母親會告訴我們，「因為孩子太小，所以無法出門」。但若問她們：「週末不是可以把小孩交給丈夫嗎？」卻會得到回答：「我不放心把小孩交給丈夫」，我很驚訝。

田房　沒錯沒錯，就是這樣。首先就是對丈夫沒有信心。

上野　把小孩託付一天的信心都沒有，怎麼敢跟這種男人做愛生小孩啊。是因為不想拉近距離嗎？不想受傷，不想做出改變。看見相敬如賓的年輕夫婦，我都會想著：別把結婚或戀愛看得太簡單啊。無論男女，我都很想說，你們可千萬別小看了婚姻。我就是不敢小看，所以才不結婚的（笑）。

田房　抱著慎重的心態，選擇不婚也是正常的。

半世紀後，女人是否仍然想結婚？

田房　這是我在朋友那邊聽到的例子。她有位熟人在公司裡和已婚男性戀愛，被對方的妻子告上法院，必須支付賠償金。由於男方並未離婚，既無金錢損失，身邊也沒人知道這事，因此全身而退。但女方受不了每天還是得在公司見到面，結果辭去工作。朋友說她聽到後很不能接受。

上野　日本社會就是如此。有權向配偶外遇對象請求賠償，是一種私人財產被人侵害的概念。

田房　私人財產！原來夫妻互為對方的私人財產。

上野　法律是這麼解釋的。我倒是覺得，「為什麼知道點，還能在這種契約上簽名呢？」

田房　這好像也沒辦法說是男方與妻子的問題，而女方仍然單身，就不構成問題。

上野　因為被侵害的是妻子的所有權。有個會提告的妻子是男人的不幸，但即使如此也不會離婚。或說根本離不了。

我和田房小姐不同，我單身，再加上對方已婚未婚對我來說沒什麼區別，所以也有些這樣的經驗（笑）。對象中有的也有頭有臉，我想好了，要是哪天被週刊拍到就這麼說：「這是男方的問題，不是我的問題。」用英文說就是「It's none of my business. That's his business」。聽起來很帥吧，雖然到現在都還沒機會用上（笑）。

田房 超帥氣。

上野 讓我這個世代感到意外的是，從女性解放運動到現在已經過了半個世紀，竟然還有那麼多人想結婚。為什麼事實婚姻在日本沒有變多？性解放運動過後，海外各國都走向「事實婚姻」增加，「法律婚姻」減少。如美國或是歐洲，非婚生子女比例超過半數的國家也不少，這樣的狀況也維持了出生率。然而日本非婚生子女人數稀少，如果不登記結婚就不太會生小孩。不過日本七〇年代時漫畫《同棲時代》[71]曾經引發熱潮，《神田川》成為流行歌曲。由於當時同居後懷孕再進入婚姻的人很多，我曾認為同居人數在接下來的世代會成長。但這項預測卻明顯落空，讓我很疑惑。

田房 我身邊的女性似乎也都認為結婚理所當然，二十歲後半就會強烈擔憂「要是結不了婚該怎麼辦」。我不想被人認為自己很渴婚，所以裝作不太著急的樣子，但實際上超級想嫁人的。

上野 就算自己父母就是無趣婚姻的實例，也還是想結婚嗎？

田房 我父母的感情奇妙地好。

上野　差點忘了，令尊是把妻子順位擺在女兒前的丈夫。

田房　沒錯（笑）。不過比起從前，「結婚理所當然」的觀念已經淡薄多了。不過，要撫養非婚生子女在制度及環境上仍然障礙重重，若是考慮到生小孩，很多人大概還是會選擇結婚吧。畢竟未婚狀態下養小孩的負擔很大，也得承受相當的社會壓力，難度頗高。這點倒是從七〇年代起就沒什麼變。令人遺憾的是，日本這個國家的性別意識低落[72]到甚至強制婚後冠上夫性，或許在結婚觀或男女的觀念上根本沒什麼變化。

71　《同棲時代》，上村一夫一九七二至一九七三年在《漫畫 Action》上連載的漫畫，後被改編為電視劇、電影，在年輕人中掀起了同居風潮。後文的《神田川》便為受該熱潮影響而創作的歌曲。

72　世界經濟論壇（WEF）衡量各國男女落差的全球性別落差報告（The Global Gender Gap Report），二〇一九年出版的報告書中，日本在全球一百五十三個調查國家中排名第一百二十一名（日本在二〇二一年最新公布的報告中前進了一名，為第一百二十名，仍是先進工業國家的墊底），為歷史新低紀錄。該調查分析「健康與生存」「教育程度」「經濟參與和機會」「政治參與」四大項目的資料，而日本在經濟與政治上的女性參與比例顯著低落。

從「新娘候選人」變成「戰力」的女性職員

田房 過去常聽到「新娘候選人」的說法，現在已經很少人用了。「女性職員是男性員工的新娘候選人」這種想法逐漸消失。現在的求職活動或是公司的到職儀式上，男女在穿著打扮上不是都一樣嗎？最近八〇到九〇年代女性在到職儀式上色彩繽紛的多樣穿著，在推特上成為話題，內容大概是說過去的穿著這麼自由又充滿個性，現在卻變得統一而呆板。

上野 這個變化很好解釋，因為女職員也成為企業的戰力而男性化了。她們被期待在職場上與男性有同樣的貢獻。過去女性穿著可以多彩多姿，是因為她們是在「女性名額」下被錄用的，當時還有一種說法，「女職員的錄取標準是長相、關係，還有住家裡」。

田房 住家裡也是錄取條件？

上野 有段時間這還是主要條件，類似「令千金待字閨中的這段時間，交給公司暫時照顧」，好有機會「與敝社前途無量的男性職員互相認識」的感覺。所以也公司將「錄取好人家的小姐」當作新娘候選人的意味。

田房　原來是這麼一回事。

上野　明白了吧（笑）？

田房　原來住在家裡是用來判斷教養的重要條件。

上野　不僅如此，這還意味著「女兒在父母的監視之下」。恰好符合這些條件的就是女子短大的學生。我在女子短大教書教了十年。關東地區聽過平安女學院的人不多，但它可是被稱為「關西青學女短[73]」的名門短大。當時進入知名企業工作，在那裡談辦公室戀愛，然後離職、結婚，是最理想的「女人幸福路線」。女性雖然是公司眼中未來的新娘人選，但公司在女性眼裡也是尋找丈夫的場所。一流企業在求才上花費的成本極高，因此也有女性說：「我沒有看男人的眼光，找公司挑選的男人不會錯」（笑）。

田房　哦呵呵呵。

上野　男女雙方在相遇之前都經過了一次篩選。進入公司後可說是任君挑選，不管和誰配對都不會錯到哪去，大概是這樣的感覺。

73　青學女短，青山學院女子短期大學，也簡稱為「青短」。是一九七〇年代後半至八〇年代具有壓倒性聲望的名牌短大，在求職上也相當獲得公司青睞。自二〇一九年度起停止招生。

田房 這樣也能算戀愛結婚？

上野 這就是戀愛結婚喔，因為對象是自己選的。像這樣的篩選在日本各地都有，只有通過審核的人能成為伴侶。

田房 聽起來像會員制的相親？

上野 妳形容得真貼切。其中只有合得來的人才能成為一對，所以誰都可以。從大數據來看，戀愛結婚的通常是性格相似或是背景相同的情侶。跨階級的戀愛因為罕見，才那麼引人注意。而女大男小或遠距離婚姻，則以相親而來的比例較高。前面提到的背景相同，指學歷、出身階級，也包括興趣相近。我有位男性友人的結婚對象是聖心女子學院的大小姐，一問之下，她的五位同學全嫁給了公司少東、一流企業高層的兒子、醫生、律師之類的菁英分子。她們都說自己是「自由戀愛」，但問到如何認識另一半的，回答則是騎馬或在遊艇上認識的。

田房 都是些天之驕子（笑）。

上野 也就是說，他們的對象在相遇前就已經經過了篩選，無論選擇其中的哪一位，差別並不大。

田房 不管騎馬還是遊艇，都是普通人不會有的娛樂（笑）。我二十幾歲的時候在經濟產業省[74]打過工，當時是偶然在《From A》[75]看到徵人廣告去應徵，不過其他人都是透過關係或介紹進去的。那裡的職員雖是東大之類的學校畢業的菁英，不過兼職大約一星期左右，就有人很直接地說：「妳們都是職員的新娘候選人。」

上野 什麼，真的假的（小聲）？

田房 現在覺得，那個地方簡直時間停滯。這大概是二〇〇四年左右的事。

上野 那是二〇〇〇年之後的事？有可能是因為在政府機關，比較老派。再加上經產省的菁英工作時間長，沒有在其他地方認識異性的機會。不管選誰都無妨，也就是說兼職者都是家世清白的小姐。原來妳也在裡面（笑）。

田房 對呀，因為《From A》而混了進去（笑）。

1994 年的企業入社迎新典禮

74 經濟產業省，日本行政機關，主管經濟與產業。

75 From A，瑞可利（Recruit）過去發行的打工情報誌。一九八二年創刊，二〇〇九年休刊。

父母生孩子是出於利己

田房　我二十歲出頭那幾年，「敗犬」（參見頁一七註釋）的說法非常流行。我在經濟產業省打工的時候，接受自己是新娘候選人的女生也相當多。她們積極做手工餅乾送給裡面的職員，努力討人喜愛。大家應該都在害怕「要是我變成了敗犬怎麼辦」，「變成敗犬人生就完蛋了」。

上野　她們是希望在父權社會裡擁有指定席。

田房　我覺得那種恐懼，直到今日仍留在我們這些選擇生養小孩的人身上。害怕自己成為敗犬，覺得要是不結婚，沒生小孩，那就慘了。

上野　和田房小姐同輩的嬰兒潮次世代男性，也有這樣的恐懼嗎？

田房　我那時倒是沒看過二十出頭的男性擔心「不趕快結婚不行」。

上野　嬰兒潮次世代又被稱為「失落的一代」，是個不得志的世代。男性也成為約聘雇員，是大風吹遊戲裡椅子數量不夠的一代。男性想和父親一樣成為上班族，女性則想獲得妻子的身分，這種想獲得社會指定席的渴望，大概不分男女吧？

田房　我想應該都滿強烈的。

上野　社會的指定席雖是制度中的位置，但只要置身其中，都必然會衍生出人際關係。雖然沒有愛情也能做愛，對毫不在意的對象也可以張開雙腿，但只要懷孕，接下來就是新生命的降臨，小孩這種無法敷衍又自我中心的生物會到來。自己過去也曾經是這樣的一條小生命，在與父母或大或小的摩擦中長大，這次輪到自己為人父母。不知道在這個時候有多少人思考過，自己的夫妻關係將帶給小孩什麼樣的影響（怒）？

田房　應該很少人會想。

上野　這麼說來，成為妻子、成為母親不過是一種慣性？

田房　或許可以這麼說，很可能已經停止思考了。

上野　也太糟糕了。若是如此，日本社會變好的可能性接近零……

田房　「就算和丈夫出門兩人也無話可聊，但為了再生一個小孩，所以要努力」，就某方面而言，這是我這個世代最普遍的類型。

上野　為什麼會想和沒話聊的男人再生一個孩子啊。

田房　或許不是想要那個男人的小孩，而是想要一個「有丈夫和兩個小孩的家庭」。丈夫和小孩都是自己人生規劃的一部分。

上野　這麼說來，是想要一個標準的「模範家庭」？想取得社會認同？

田房　我想多少是這樣，不過也有人是因為「自己家就是這樣」。「因為是在四口之家長大，所以也想建立這樣的家庭」。

上野　但她自己有個幸福的童年嗎？小孩其實都很痛苦。所以每次聽到這類話題，我都覺得小孩很倒楣。最近出現一些承認生小孩是為了自己的女性，像「想生小孩是為了滿足自我」或「生小孩是為了留住丈夫，有個安定的生活」。但她們似乎沒有考慮過小孩的心情。正因為我沒有生過，所以問了許多當了母親的女性：「為什麼會想生小孩？」得到的答案出乎意料，「因為婆婆拜託我」或是「因為丈夫想要孩子」，總而言之都把責任推給身邊的人。也有人回答「因為就是該生小孩」或是「就懷上了啊」，讓人想問那妳的選擇在哪裡？會回答「因為自己想生」的人沒幾個。

我曾經對要好的女性朋友說：「不生育的人是為了自己，但其實選擇生育的人也是為了自己。」她表示贊同，於是我又問：「那麼，哪一種選擇比較自我中心呢？」這位出色的女子爽朗大笑說：「還用問嗎，當然是選擇要生的啊。」父母選擇生小孩，小孩則毫無選擇餘地。每個人在與父母的關係裡，都充分嘗過各種糾葛衝突的滋味，想當然能預見自己日後也會被孩子批判，為什麼還是忍不住想生呢？

輕忽的後果會影響到孩子

田房 放棄反駁丈夫，事事放棄表達意見，把這些都放水流的女性我想應該滿多的。

上野 放棄這些，等於是放棄了夫妻關係。妳都已經放棄關係了，面對這個男人接下來還能繼續為他張開雙腿嗎？這些傢伙到底多麼小看婚姻？太過輕視婚姻的惡果，到時候可是全都會落在孩子身上。

田房 說的一點都沒錯。

上野 對吧。

田房 迴避和丈夫正面衝突，逃避夫妻關係的變化，粉飾太平的結果，如果不出

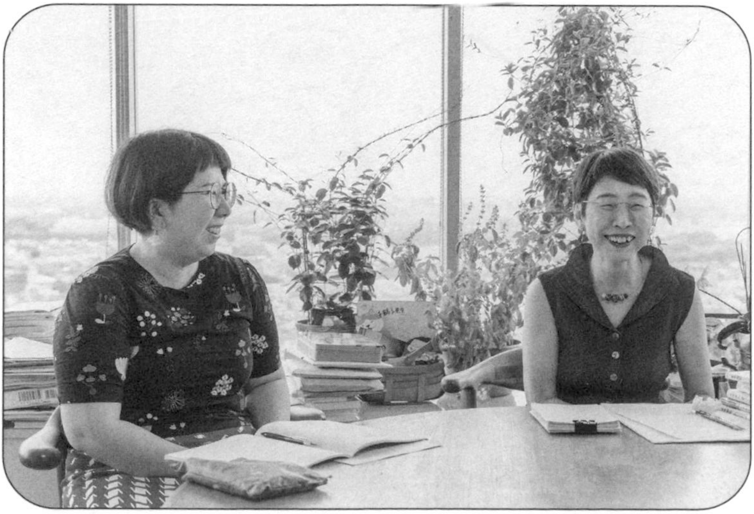

軌，恐怕很難維持這種表面的平靜。

上野　但小孩子是很敏感的，就算沒人戳破，也能察覺家裡氣氛不對。不能小看小孩。剛剛提到，輕忽婚姻問題的後果會對孩子產生影響，主要可以分成兩大類；一種是找出方法去習慣這些煩惱的小孩，他們的適應能力很高，卻不重視「人生」。東大生就屬於這類適應能力良好的孩子，他們能夠達成父母與老師的期望。另外一種是笨拙的孩子，沒辦法處理這些困境而變得僵硬，在他們身上很容易發生拒絕上學或是霸凌等問題。這樣的孩子很少有人能考上東大，坐在我教室裡上課。我和自由學校（Free school）接觸過，從事教育的資歷也長，所以

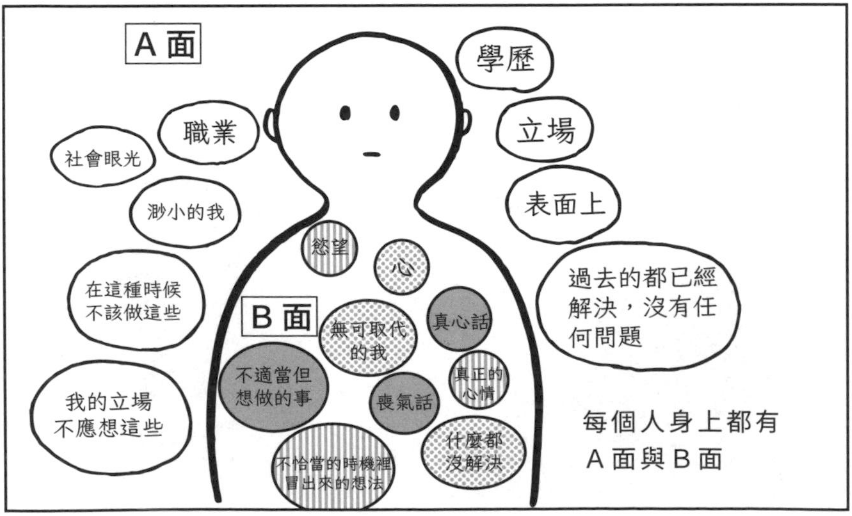

有機會接觸到這樣的孩子。比起來，這些笨拙的孩子其實對自己更誠實。那些能夠達成父母期待的小孩，他們做的不是自己想做的事，而是父母要他們做的事。這些孩子也因此受到創傷。自己是什麼樣的人、喜歡什麼、想做什麼都逐漸模糊，因為他們連討厭的事也能完成。「真正想做的事是什麼？」「喜歡什麼？」「做什麼事心情最好？」連這些最簡單的問題都答不上來。對於人生最核心的東西，他們想不清楚。優等生其實是這樣子的。

田房 我認為每個人身上也有A面和B面。那些能上東大的人，是努力讓自己的A面符合社會的A面的人。他們也為此不得不壓抑、抹消在B面無可取代的自我。他們一直壓抑著這些，所以即使被問到「最想做什麼？」，也答不出來。

上野 是的，而這不僅是在升學上，也會對求職、結婚、生小孩等等所有的事產生影響。田房小姐說得真好。這正是因為他們一直壓抑B面的自我。生活明明痛苦得讓人喘不過氣來，但他們視而不見聽而不聞，連自己很痛苦都沒察覺，甚至說「這樣比較輕鬆」。有時還對我們說：「當個女性主義者很辛苦吧」。其實，能誠實面對自己的人一定最輕鬆。高興就說高興，討厭就說討厭，能直接說出來的人生可是愉快多了。比起一輩子壓抑B面活著……看看我，受妳的影響也開始這麼比喻了。我就這樣被田房永子傳染了（笑）。

管教小孩卻不管丈夫的妻子，逃離妻子的丈夫

上野　無奈的是，輕忽戀愛和婚姻關係的伴侶之間也會生小孩。這些孩子是在什麼樣的環境裡長大的？在我遇過的孩子裡，東大的男生女生就有許多人傷痕累累。雖然也有不少為了自我保護，築了圍牆什麼都不看不聽，成為性格惡劣或是討人厭的孩子，但我看著他們就會覺得，「這個二十出頭的孩子性格這麼糟糕不是他的錯」。想著「你這一路走來也受苦了」「會變這樣，不是你的錯」。諸如母親的過度干涉，父親的不負責任，這些都會在他們身上留下傷害。

田房　東大人裡面，父母過度干涉的情況好像很嚴重。

上野　現在的東京大學，光靠小孩自己是考不上的，必須仰賴父母配合，實際上是兩人三腳。我發表演說的那場入學典禮，新生座位外側的家長人數比新生還多，宛如將他們包圍在中間。每位新生都有兩組家長邀請名額，所以不僅是父母，而是包括祖父母全家出動的光榮大事。有位父親對我的入學演講有意見，在部落格發表，結果遭到網民攻擊，因為他寫道：「（上野的演講）沒有一句話提到父母的辛苦」。

田房　哇噻——（笑）

上野 「我也付出了努力啊，快認可我」，要求大家的尊敬（笑）。有的小孩能達到父母這樣的期望，有的不能，而可以達成的就來到了東大。我在想，那麼做不到的孩子又去了哪裡呢？田房小姐的小孩還不到會拒絕上學的年紀吧？接下來就是和學校之間的拉鋸戰了，要注意了。

田房 其實滿不安的。

上野 我認為這個時代，孩子在學校過得也不容易，因為會被要求要符合標準。不符合標準的孩子會受到什麼樣的對待呢？而在孩子的世界裡，還會發生霸凌或排擠。符合標準的孩子也有他的不幸，因為這表示他是看著父母臉色長大的。他們雖然能得到父母的愛，卻是有條件的愛，我感到同情。你只有按我的想法成長，才算是我的孩子。

田房 就是所謂的：當個聽話的孩子，爸爸媽媽就會愛你。

上野 反過來說，「不符合我期待的，就不是我的小孩」。我因為沒生育，這輩子就可以都站在孩子的角度和立場想。所以對生小孩後還能逃避妻子的丈夫，以及避免和丈夫衝突的妻子感到不可思議。在你們面前還有活生生的生命，他們會凝視觀察父母。你們為什麼會想像不到呢？

田房 我也很難理解。

上野　大概是人與人之間的距離改變了。在嬰兒潮世代這一代，公司裡有熱血上司介入下屬的生活，男性用拳頭建立交情，熱氣蒸騰的。男女關係也是原始又粗暴。人際關係上少了客氣和顧忌，直直踏入對方內心。這些大概會隨著世代消逝。

田房　很多人把不和丈夫溝通當作前提，在完全不考慮「與丈夫討論」的狀態下，思考「該怎麼做」。若是找不出解決方法，那「也只能這樣繼續下去……」就結束了。

上野　雖然對丈夫是這樣，但對小孩就會出手干涉。

田房　真的（笑）。就好像不打破老公個人界線，就得找個人替代。不過，我想也可能是因為干涉小孩比較不會弄到局面無法收拾。

上野　因為兩者的權力關係完全不同。

不持續地認真溝通，夫妻關係便無法改變

上野　這麼說來，果然很少人能像田房小姐這麼直率、不肯得過且過。田房小姐的作品

這麼受歡迎，是因為能引起共鳴嗎？或是因田房小姐做了他們做不到的事，讀者看得過癮？

田房　常有讀者說我幫他們把「自己也表達不出來的鬱悶化為文字」了。不過最近寫的散文集《認真思考「如何教養男孩」後，我與丈夫的性生活變成了一週三次》，評價就相當兩極。這本書是寫我和丈夫經過衝突、爭執，夫妻關係逆轉之後的事。我無法澆熄對丈夫背後「父權社會」的憤怒，成功地讓丈夫這個男性個體接受了我的要求。若夫妻之中是妻子太過強勢，便輪到妻子傾聽丈夫的意見，否則兩人關係將會脫軌。

在前面上野教授提到的朋友例子裡，有一位被逼問的丈夫最後請假傾聽妻子。但若夫妻處境逆轉，便是女方應該這樣做。因為人與人之間就該這樣，所以我寫下了「在這種情況下，一定要傾聽丈夫的意見」。不過，對沒經歷過夫妻關係大逆轉的人來說，這句話可能意義模糊。這本書出版後，我才發現，在夫妻關係中雙方姿態逆轉，而需要回頭傾聽丈夫、建立對等關係的妻子其實很少。那些仍不與丈夫溝通，還在獨自煩惱的妻子，反而會讀成相反的意思，以為這句話是說「總而言之，為了家庭圓滿，就必須順著丈夫」。

上野　這是被誤讀成廉價的說教文了吧。那些讀者大概以為妳是在對向丈夫發飆的妻子

田房　說：「好了好了，把怒火收一收吧」。

上野　但完全不是。我明明都寫下來了，還寫了三百頁（笑）。

田房　是啊，那句話之前明明發生了那麼多事。

上野　很多讀者說：「我以為田房小姐是女性主義者，才會這麼期待地一路讀下來，結果還是說要對男人犧牲奉獻，真讓人失望。」讓我頗為震驚。

田房　不過也不必太在意，難免有誤讀的讀者。有錯誤解讀的讀者，就會有正確理解的讀者。

上野　現在大概一半一半吧。

田房　一半一半不是很好嗎？這表示有一半的讀者能正確接收到妳想說的話。

上野　太好了。

田房　我也常常遇到類似的狀況，話只要說出口，就一定有人誤會。理解和誤解的比例不管是六比四還是七比三，只要正確接收到的人占多數，就算只是些許，也很值得感謝。而且那些誤讀者也可能在重讀時讀懂了。

上野　說的也是，如果十年後還有讀者願意重讀就太好了。

田房　讀田房小姐的作品時，我覺得有一點很有趣。當妳不斷爆發憤怒時，眼中所見的丈夫十分巨大，但當怒火平息下來，卻又能看到丈夫身上許多弱點或缺點。妳終於擺脫了其他外在因素使你們的關係對等。而夫妻的權力關係又從此處發生變化，這次是妳具優勢，也讓妳成為應該主動讓步的一方。權力關係的轉變，為交涉過程帶來變化。正因妳不懈地與丈夫協商，變化才能持續發生。若缺少這樣的縝密溝通，就無法到達下一個階段。

田房 真的，就是這樣。這和什麼都不做的人口中的「為丈夫犧牲奉獻」，根本是兩回事。

上野 妳的溝通，是不顧一切型的吧。為什麼伴侶之間不肯像這樣豁出去談呢？不願盡力溝通，卻在肉體上交流，小孩就是這樣生出來的。但不溝通的伴侶在一起又有什麼意思呢？我腦袋轉不過來，實在看不懂（笑）。

田房 我也是這麼想。就算引發一場混戰，也沒什麼大不了。

第三章總結　田房

在丈夫完全無法體會的狀況下
想要養出不一樣的兒子真的
超級困難
性別平等？哼（笑）
還給我學了點新東西啊
照顧小孩是女人的工作吧
別變成妳爸那種男人
???
什麼意思？
混亂

我們就是在這種環境下被教大的，才會有今天的模樣…
不好好用功就會變得像妳爸那樣。
人生就完蛋啦！
以後要跟能夠理解妳的男人結婚喔。
放棄
那爸爸呢？
那個已經沒救了

比起什麼都不對丈夫說，只灌輸小孩道理，不如讓孩子看到同世代的人（夫妻）在吵架中一點一點「成長」。
妳也讓我去工作啊
給我去做家事
吵死了——
我就是這樣被養大的啊
妳這傢伙給我想辦法搞定
喂！妳什麼東西。
謝謝～
那個我已經做了喔

第4章

女性主義與性。消失吧，大叔的妄想！

這很父權老爹!?這很東大!?

田房　上野教授看著現在的學生，覺得和以前有什麼不同呢？

上野　東大新生讓我覺得看到「父權老爹又要量產了」（笑）。父權老爹和年齡無關，有人十八歲就是個父權老爹了。當然並非所有新生都是，但只要看他們對我演講的反應就很清楚。當我一提到性別歧視，有些人會開始發呆，出現不想看不想聽的排斥反應。

田房　嗯，他們不是裝作沒聽到，就是發脾氣。

上野　十八歲男生完全地複製了「父權老爹」的反應，令人驚訝。

田房　我能理解出社會以後會變成父權老爹，但這麼年輕就已經中毒那麼深……

上野　他們大多來自私立男子直升中學。根據江原由美子[76]的調查，就讀男校的男生性別意識最為保守。最近聽到代表男性情誼的「homosocial」[77]被簡稱為「homoso」（笑），我很高興，表示這個概念有一定的普及度。男校裡就有符合「homoso」描述的哥們群體。或許是因為在這種群體裡成長，他們腦中堆滿對女性的偏見和妄想。檢視東大生的性暴力傷害案件，裡頭數量最多的是跟蹤騷擾。

田房　咦，什麼?!

上野　主要是理工學系的男生，沒有戀愛經驗，也沒有交往對象，卻因一廂情願而跟蹤對方。東大性騷擾防治委員會最初會擬定對策，是針對指導教授與學生之間可能發生的不當關係，沒想到開始運作後，冒出來的卻是一宗接一宗的跟騷案。我覺得「這很東大」。沒被女生視為對象，卻因強烈的妄想糾纏人家不放。

田房　不會是因為過去考試成績手到擒來，就以為女生也是如此吧。

上野　或許吧，大概以為自己能夠掌控一切。精神疾病中的情愛妄想，幾乎都是被愛妄想，毫無根據地深信自己為對方所愛。如果心儀的女性不理會他，就會妄想出一些解釋，諸如「因為她很害羞」「她個性內向臉皮薄」，或「我和她之間有什麼必須排除的障礙」之類的。自我中心到這種程度，真的是典型的男人（笑）。也有些東大男生完全不會與異性交往，卻有莫名的自信，認為「只要我想，就隨

76　江原由美子（一九五二—），社會學者，著有《性別秩序》等書。

77　男性情誼（homosocial），指男性間沒有戀愛成分或性意味的關係，單純哥們的深厚友情。此概念來自於賽菊蔻（Eve K. Sedgwick，參考頁二一七）。此詞彙是因厭女（misoginy）成立，靠恐同（homophobia）思想維持；和同性戀者（homosexual）所指不同。參考：上野千鶴子《厭女》（紀伊國屋書店，二〇一〇；聯合文學，二〇一五）

時能找到結婚對象」，真是令人咋舌。

田房　對，真的有這種人，張口就是：「我東大畢業，在大企業工作，又有錢，怎麼可能交不到女朋友。」

上野　他們認為不是自己有問題，而是女方有問題。

田房　甚至覺得交不到女友背後一定是有什麼陰謀。到底該怎麼跟這種男人活在同一個世界……

以女兒母親的身分思考「性」

田房　跟騷案件的被害者八九％是女性，加害者八四％是男性。不僅是跟蹤騷擾，猥褻、強暴、性騷擾，這些性侵害的被害者幾乎都是女性。現在不僅是自己，甚至連女兒都可能淪為性暴力受害者，社會上卻充斥給男性看的色情內容，即使在日常生活中也會看到蘿莉控[78]之類的成人產品。我覺得這種狀態並不正常，但也有人主張這是「表達的自由」。我們不能讓實際存在的現象消失，但難道除了接受以外別無他法？

上野 以戀童癖為例，即使能容忍這類妄想存在，也不可能允許實際與兒童發生性行為。因此現實中的性犯罪、性暴力是絕對不應該發生的，必須堅決地說「不」。但我也認為不可能全面管制男人的癖好和欲望，畢竟人類的內心是無法監控的。所以對於成人內容，我的想法是：「別明著來，要也請偷偷摸摸的。」「有點羞恥心吧。」

田房 我也同意。我認為個人的愛好屬於個人自由，但為人父母，還是會擔憂和感到強烈的害怕。如果是我，要是知道自己的癖好帶給許多人恐懼，一定會因此感到煩惱。我想有戀童癖的人未必不會如此，但很難接觸到這一面。難道只能麻木地與恐懼共存嗎？到底該怎麼解釋這種情況，怎麼安撫自己才好……

上野 我懂，我懂。我讀了田房小姐主編的那期《ETC》[79]專題〈色情書刊從便利商

---

78 蘿莉控，原文為ロリコン，是和製英語 Lolita Complex（ロリータ—コンプレックス）的簡稱，主要指在性方面受到年幼女性的吸引。該詞由弗拉基米爾．納博科夫（Vladimir Nabokov）的小說《蘿莉塔》（Lolita）而來。

79 《ETC》，etc. books 發行的女性主義雜誌，每期邀不同人士擔任客座主編，挑選其有興趣的主題作為當期專題。文中所提田房永子主編的，是二〇一九年五月該刊物發售的第一期。

「PTA 歐巴桑」的形象

店消失的那一天〉，十分精采，讀完讓人難以遏止地憤怒。這些母親湧起的怒火，為什麼父親卻沒有？為什麼他們能身為女兒的父親，卻又若無其事地在超商購買成人刊物？這讓我無法理解。很明顯的，日本社會對男性性欲十分寬大，所以即使被嘲弄是「家長會的歐巴桑」，還是要挺身把問題一個個挑出來。不表達怒火，引起風波，就無法改變任何事。不過真的出現改變了對吧？成人書刊開始從便利商店下架了吧？

田房　大型連鎖超商決定自二〇一九年八月底起不再販售成人刊物，不過業者沒有多說明理由。最初這是「東京奧運迎接國際旅客相關措施」，後來才又加上「對女性與孩童的考量」這項理由，但實際如何就不得而知。

上野　原來是為了東京奧運？

田房　我想若沒有二〇二〇年東京奧運作為契機，就不會有所改變。要不是為了舉辦奧運這宛如男性情誼大會師的運動會，什麼變化都不會發生。

上野 男性情誼大會師！原來如此，形容得真好（笑）。田房小姐似乎是在女兒出生後，這個過去一直忽視的問題才變得切身，那麼女兒的爸爸呢？

田房 丈夫對這件事的感受沒有我深刻，大概是聽我提起才意識到。針對超商停售成人書刊這件事，民眾意見回饋裡，很多男性都是滿滿的眷戀感傷。

上野 讓人懷念的可不止這件事，那些性騷擾的老頭也會感嘆：「過去的時代真好」，無所顧忌想幹嘛就幹嘛。

田房 有人覺得：「超商裡再也看不到色情書刊，真是太高興了。」這種回饋字裡行間則則散發著喜悅。到便利商店購物的是女性，排列在色情書刊架上成為欲望對象的也是女性，指著那些書刊封面問「這是什麼」的女兒也是女性，原本被割裂成兩三塊的身分終於恢復為一個整體，我也終於感到奪回了自己的身體。但那些覺得「便利商店沒有色情書刊，就好像少了什麼」的人們卻一臉迷茫，滿懷惆悵。兩種反應真是天差地別，又彷彿似曾相識。我才想到，這不就像逃離家暴的妻子，在歷經痛苦後拿回自由，終於鬆一口氣，而丈夫卻在人去樓空的家中苦思：「為什麼？發生什麼事了？」

上野 對，就是茫然若失，還在想：「我哪裡錯了？」這種遲鈍的程度。男女認知的差異就是這麼巨大。

田房　一方認為是幾乎喘不過氣的痛苦時期，另一方卻覺得是美好回憶。這種對比也出現在超商的色情書刊上。

上野　有些男人根本搞不清楚狀況，將這些包裝為「選擇的自由」或是「表達的自由」，但當我們感覺不舒服，就必須明白地表達出來。「我們無意約束你的個人嗜好，但不希望這些東西出現在公共場所」。不一項項清楚提出抗議，就什麼也改變不了。

田房　只能這樣了。仔細想想，遇到無法容忍的事，直接說出來就好。這麼一想，就覺得其實可能很簡單。

矯正大叔的腦迴路！

上野　握有強權的人擁有特權，無須揣測弱勢方的想法。弱勢方則因為權力關係會直接壓迫到自己，而必須費心思量，揣度強權者的想法，後者卻沒有這種必要，只會擺出震驚的表情。不是有這樣的大叔嗎？聽到妻子在大公司遇到性別歧視，他們也只會說：「職場本來就這樣」，但要是女兒在求職時受到歧視，就會氣到不行。

田房 到底為什麼？

上野 這其實很容易理解，因為妻子是外人，女兒是親人，就像是自己的分身。等到自己的分身遇上問題，才喚起他們的家族意識，當成一回事。上面這些都還好理解，但不知為何，他們卻不會想像自己的女兒也會被其他男性毫無顧忌地色迷迷盯著看，或不會反思自己可能也會這麼盯著別人。為什麼大叔這種生物會這樣（怒）！

田房 為什麼（怒）！。

上野 說到這點，還有更可怕的。有的男人因為能夠掌控的對象裡出現了女兒這項新玩意兒，就對女兒伸出狼爪。

田房 這實在太有可能發生了。

上野 確實，而且不需要靠想像，實際上這類事件層出不窮。不僅有繼父或養父對繼女或養女性暴力，還有親生父親對女兒性侵。

田房 而且還獲判無罪[80]。

上野 說什麼「這也是出自愛」，分明只是占有欲或控制欲作祟。

---

80 二〇一九年三月日本兩起親生父親性侵女兒的案件獲判無罪（參照頁二〇七）。

田房　為了讓男性理解性侵和性騷擾，不是常常有人會說：「只要想像受害者是你的女友或是女兒，就能體會傷害有多嚴重了」，我一直覺得這說法不對勁。為什麼得要代入女朋友或是女兒？想像自己遭受這類侵害騷擾的噁心和痛苦就好了，幹嘛得代換成「親人或親近的女性」才能想像，真是不可思議。

上野　我大有同感。這種說法是把女性視為男性的所有物，男性會對所有物受到傷害而憤怒。以前性騷擾研習課中，曾有男性講師對大叔說：「在動手之前，請先把眼前的女性想成上司的女兒或老闆的親屬。」但這句話本身就是問題。

田房　這種講法本身就是種性騷擾！原來，對大叔來說，「女人是某個男人的附屬品」，性侵和性騷擾則會損害那個附屬品。

上野　這種想法只考量了男性之間的權力關係，根本不尊重女性。二〇一八年春天，財務省前事務次官的性騷擾事件[81]爆發後，年輕人在新宿車站東口廣場駅發起「#我不會保持沉默0428」活動，有一位年輕男孩發言：「這是我們的問題。」我那個世代的男性絕對說不出這種話，我聽了很感動，說得真好。因為我一直覺得，「性暴力不是女性的問題而是男性的問題，是男性你們自己非思考不可的問題」，所以滿心贊同地往下聽，沒想到他最後卻說：「請大家想想，如果今天是我們的戀人或是妹妹遇到這些事會怎樣。」真是急轉直下，竟然在最後露出他的大叔本質。

田房 真是受不了，這種言論怎麼沒被禁止。真想撲滅這種大叔式思考模式。

上野 雖然出自善意，但那個年輕男孩「女人的性為男人所有」的觀念讓人失望，他仍然認為「我們應該守護女性」，「守護」也是思考男女關係的關鍵詞。現任小天向雅子求婚時說的就是：「我會用一生全力守護妳」。

田房 小天？上野教授是指德仁天皇陛下吧，剛還在想這是說誰（笑）。

81 日本前事務次官福田淳一在二〇一八年時遭報導揭露，反覆對前來採訪的朝日電視女記者出言：「可以摸妳胸部嗎？」「可以把妳的手綁起來嗎？」而財務省大臣官房長矢野康治的發言：「（被害者）為什麼只向律師透露姓名」、財務大臣麻生太郎說：「福田難道沒有人權嗎？」更宛如提油救火，事態愈演愈烈。之後福田淳一辭去事務次官一職。

上野　這種叫法很可愛吧（笑）。有些女性覺得這種暱稱讓人動心，也有人不喜歡。

田房　我倒是沒意想到，有點驚訝。

上野　確實。不過，對這種稱呼感到心動的女性不少。雖然我想的是，「沒人需要你守護啦」。

田房　比起這個，不如讓雅子皇后隨心所欲出門工作。

上野　守護的結果是無法適應皇室。

田房　完全沒護到……

以兒子母親的身分思考「性」

田房　我有兩個孩子，老二是男孩。很多母親會煩惱，要怎樣才不會讓自己的兒子長成我們剛剛提到的那種缺乏想像力的大叔呢？我也常收到這類詢問：如果母親是女性主義者，對兒子有什麼影響呢？

上野　母子關係和母女關係相當不同，因爲兒子做不到弒母。我見過太過尊敬母親的兒子，就有人因為找不到超越母親的女性而無法結婚。

田房　確實，有人十分崇拜自己的母親，但我想這不是件好事（笑）。

上野　我也這麼認為。

田房　我認識一位很尊敬母親的男性，他的嗜好是登山以及攀岩。但我總覺得這是因為母親難以超越，只能尋求其他超越的目標。

上野　然後化為最無害的休閒興趣，我想這也是他的生存策略。

田房　聽起來就很無害。「女性主義者的母親能得到兒子的尊敬嗎？」這也是我常被問的問題，上野教授覺得呢？

上野　不管什麼人，私下總有不完美的地方，女性主義者也可能在某方面自私狡詐，在某些事上離不開男人。雖然也有孩子打從心底尊敬母親，但那些心口不一的時候孩子看得出來。一旦被識破，即使沒有說出口，孩子也會輕視母親。有些人會選擇與母親完全不同型的伴侶，藉此否定母親。

田房　原來如此，兒子會以這種形式反抗，這樣婆媳關係大概也很精采吧。

上野　我身邊就有這樣的女性，從小教育孩子「夫婦就是無論在工作還是生活上，都要互相支持，攜手共度」，兒子卻和看起來很呆萌，志願是當家庭主婦的女孩結婚。

田房 她感到十分不甘，氣得直說：「明明不是這樣教育他的。」（笑）這也太有趣了（笑）。簽書會上有時會遇到讀者對我說：「我母親也是這麼糟糕。」若我回答：「真的是很嚴重啊。」女性讀者大部分反應會有些興奮：「田房小姐也認為很糟啊，果然是我的母親有問題，不是我出了什麼錯，太好了。」但若是男性讀者，聽到我說：「令堂這樣不太妙啊。」便會陷入沉默，沉思一下反駁：「……不，和田房小姐不一樣，母親她是愛我的。」

上野 因為女兒能夠弒母，兒子卻絕對做不到。

田房 我在想這是否與性有關。當女性年歲漸長，到了和自己母親差不多的年紀時，自然能體會到女人不正經的一面，像是「原來到了四十歲還會有性欲啊」「就算成為母親也還是會想色色的事，母親當年一定也是這樣」。但男人不會親身體會，所以總是會把母親女神化。

上野 與其說是無法體會，不如說是不願去看？他們都戴上了扭曲的濾鏡。所以才說男人可以弒父，卻無法弒母。不管是出自妄想還是什麼，男人總認為世界上只有母親會百分之百接納全部的自己。不管犯下什麼錯，即使殺了人，母親也不會捨棄我。就算現實不是這樣，他們也會認為母親的控制和奉獻，都是出於愛。這份愛支撐著男性的自我認同。

田房　這些當兒子的真好騙（笑）。與其說是無法逃脫愛的控制，不如說是大膽留在那裡。

上野　因為母親也巧妙地讓他們無法獨立，悄悄散發著「別想脫離控制」的訊號。

田房　當媽的好像很容易不知不覺就這樣，要避免似乎很難。

上野　爾寢正一[82]曾寫過一本關於照護母親的書。年過六十的男人，每天都去探望住在安養院的九旬母親。即使妻子驚訝表示「你未免也太戀母了」，依舊不為所動，和弟弟兩人較勁般地到安養院報到。後來爾寢正一回頭思考自己為什麼去得這麼勤，表示或許是因為與弟弟競爭母親的愛。那本書的書名是《失智母親之吻》（笑）。

田房　哦哦哦（笑）。

上野　由於母親不斷要求：「正一，吻我一下，正一，吻我。」爾寢正一感到不知所措，仍讓母親在唇上吻了一下。沒想到母親卻突然板起臉來說：「正一，你為什麼做這麼奇怪的事？」年近九十的母親與六十幾歲兒子，這樣的關係讓我毛骨悚然（笑）。

田房　人到嚥下最後一口氣前，會發生什麼都說不準，沒有開悟擺脫苦海這種事（笑）。

上野　所以說變老是很有意思的，看到的景色會不斷變化。

82　爾寢正一（ねじめ正一，一九四八—），日本作家、詩人。

田房　很多母親會看著自己高中兒子的身體，也像看帥哥明星那樣興奮尖叫。我今年四十歲，兒子兩歲，發誓「絕對不用性的眼光看兒子」。但都有九十歲的母親和六十歲的兒子接吻了呢。我覺得自己被完全顛覆了，有種看到汪洋大海的感覺。

上野　《寢正一那本書很受有兒子的女性歡迎，因為書中母親如此被兒子深愛（笑）。

「女性主義者＝性保守」的偏見

田房　話說回來，對父權社會感到憤怒，和希望對男性具性魅力，兩件事是可以並存的吧？

上野　這問題很簡單，取決於想讓誰在什麼情境下對自己產生興趣。想要永無止境地引發不特定多數男人的欲望？豈不等同隨時隨地的性騷擾。只要思考一下前後脈絡，就能夠理解。比如此時此刻希望能吸引眼前的人、或是我不想要那個傢伙接近、還是在那種地方那種時候不想惹上任何桃花……這都是很自然的吧，如此而已。為什麼這會成為問題呢？

田房 說的也是（汗）。因為還有人會說：「為什麼都是女性主義者了，還會跟男人做愛？」這種人對女性主義者的理解簡直是一團糟。

上野 那是他缺乏想像力。

田房 伊藤詩織[83]曾在網路媒體上做過多重伴侶關係的採訪。那是一種在彼此同意下與複數伴侶構築關係的生活方式，但光是採訪這件事本身，就引發一些人對伊藤詩織的撻伐。其中一個理由是：「一個以『被強暴』和對性態度嚴肅成名的人，卻推崇奔放的性關係，這種矛盾讓人不快」。雖然這種批評根本搞不清楚狀況，讓人不知道該從何吐槽好，但那些人似乎是認真的。

上野 女性遵從自己的欲望自主投入性愛，和不想在此與你進一步而拒絕，兩者之間沒有任何矛盾。

83 伊藤詩織（一九八九—），記者，露臉以本名（最初使用「詩織」）對自身所遭受的性侵害提告，成為日本 #MeToo 運動擴散的契機。著有《黑箱》（高寶，二〇一九）參考：http://jiyukon.com/?onemedia

田房　半點衝突也沒有。但有些人會把「女性主義者」和「對性相當保守，討厭與性有關的事物或是色情」劃上等號，從他們的角度來看，身為女性主義者和對男人有欲望、希望引發男人欲望，是相互牴觸的。

上野　這完全是種誤解。會這樣想的人把男性視為一個整體，誤以為對自己沒有興趣的女性，便對所有男人都沒有欲望。相反地，男人卻可能是像機關人偶那樣單純的生物，只要是女的，不管在哪都能起色心。只要看看摸摸性感的部位，對初次見面的女性也能勃起。性產業也是因此才得以存在。男孩子的性欲是多麼簡單直接，但真希望他們能再多點羞恥心。他們很容易觸發性致，以為人人都這樣，真是天大的誤會。男人是對女性的身體部位而不是女性的性格產生欲望。他們只能將女性的性格還原成部位，才得以產生欲望，在無意識之中進行物化的操作。但是女人並不希望無差別地吸引所有的男人。要生活在那種充斥性騷擾的環境裡，實在太讓人噁心。女性因為特定的對象和特定的情境萌生情欲；但就算此刻想要享受一番，其他時候也不見得想。這些不衝突吧？

田房　一點也不，不過還是有人覺得兩者無法並存。

上野　到底為什麼會這麼欠缺想像力呢。

田房　我也很想問，為什麼我談女性主義，還得解釋這些有的沒的。

上野　其實講這句話就好：「我對你屁點興趣都沒有。」

田房　哈哈哈，結束！

上野　強制結束（笑）！

好攻陷的女人比較受歡迎？

上野　不過，到底為什麼有這種疑問？為什麼會以為身為女性主義者，不能同時與男性維持情欲關係呢？

田房　因為平時就對父權社會感到憤慨，就算想和丈夫好好相處，只要看到他背後若隱若現的父權社會影子就覺得煩，我也會為此苦惱……

上野　確實有可能，因為雙方在無意識下都背負著歷史和社會。我認為，做愛不是「坦誠相見」。當我們脫光衣服，實際上是背負著數千年男女的過去和歷史面對面。

田房　數千年？這是什麼意思（笑）？

上野　如果要回答為什麼我是異性戀者，為什麼我能和男人做愛，答案是因為我的腦中已經被灌輸了異性戀的漫長歷史，要對男人產生欲望不難。沒有比這更好找的對象了。

田房　第一次聽到這種觀點，我從來沒有這樣想過。

上野　是嗎？

田房　是的。您說的是像亞當和夏娃的故事嗎？

上野　這也包括在其中，異性戀有長達數千年的歷史，我們透過學習將之「身體化」。發生性欲的器官不是性器官，而是大腦，所以說男同志女同志都還挺辛苦的，得在缺乏範本下自力摸索性愛。在這一點上，對我們異性戀者就簡單得多，自己或對方都很容易依樣畫葫蘆。

田房　不不不，請等一下，上野教授您現在說的這點……

上野　這麼讓人驚訝嗎？

田房　做愛不是坦誠相見什麼的，我想都沒想過。

上野　因為就算是脫到一件不剩，我們身上也還是穿著幾千年的歷史。妳想想，為什麼我們會知道該在床上做什麼？誰都無法擺脫離歷史，所以說，要拿下男人是很簡單的。

田房　咦，很簡單嗎？

上野　只要女人有意願。聽好了，「受歡迎的女人」不過是「不費吹灰之力就能攻陷的女人」的換句話說。

田房 什麼，等等，我對這個話題很有興趣。

上野 哈哈哈哈！

田房 好攻陷的女人會受歡迎嗎？

上野 男性的認同很脆弱，受到拒絕就會受傷。所以容易打動、願意被攻陷的女人會受異性歡迎。

田房 原來如此。

上野 很簡單吧。

田房 具體上怎麼做呢（笑）？

上野 只要散發出「其實，我有那個意思」的訊號就好。想成為萬人迷，這樣就可以了。

田房 ……

上野 咦，怎麼啦（笑）？

田房 我啊，該怎麼說，完全不受異性歡迎。

上野 因為妳身上沒半點那種氣場啊。

田房 我也覺得沒有。結婚前我還能感覺到周圍的男性對自己有沒有意思，後來就分辨不出來了。應該說，在意我這個女人而且會有欲望的男性，這個世界上只剩下我老公。

上野 也就是說，妳對丈夫以外的男人失去興趣了。

田房 原來如此。不是他們對我沒興趣，而是我不感興趣。

上野 需要乃發明之母（笑）。因為不需要而無感，太好了。

田房 太好了……嗯，真的好嗎（笑）？

上野 需求表示有所欠缺，所以才叫做「需求」嘛。為了滿足欠缺才會有「需求」。換句話說，不再需要受到異性歡迎，代表已經獲得滿足，這是很棒的事。

田房 太好啦（笑）。

上野 大概是因為妳已經在其他方面獲得了滿足？所以也不再把注意力放在男性身上。

田房 完全沒興趣了。但我反而以為是自己缺少了什麼。

上野 會這麼想，是因為妳腦中已經深植「萬人迷該是如何」的印象。不如換個角度想，「其實我什麼都不缺」。

田房 對呀，解決了！

上野 只要擺出很想要的表情，男人立刻就會靠過來，一點也不難。

田房 我就是不太確定這點。

上野 所以才說，田房小姐已經沒有這類需要了。也沒必要硬要挖掘不存在的需求，不是嗎？

田房 也是（笑）。

上野 以前我曾經被單身多年的女性問：「要怎樣才能交到男朋友呢？」我回答對方：「妳都單身這麼多年了，接下來也沒問題的。」（笑）。

田房 如果有需要，就會行動了。

上野 對，就是這樣。

田房 這麼說來，不受歡迎的人只要能想通，知道只是我現在不需要戀愛或情人就好了。

上野 身上會散發我不需要這些的氣場。

我們被不斷地灌輸洗腦

上野　我達到高潮的時候會想「啊，跟腳本講的一樣」，「還真簡單，這腳本設計得真不錯」（笑）。

田房　上野教授的意思是（笑）?!

上野　我想說的是，男同志和女同志缺少能夠依循的腳本，因此很辛苦。異性戀性愛上的乏味感，與歌舞伎有點異曲同工。歌舞伎是大眾娛樂戲劇，會以誇大再誇大的方式撼動觀眾淚腺，榨出大家的眼淚。不過觀眾也都知道劇情會怎麼發展，「接下來會這樣，然後那樣」，雖然知道，但還是一定會感動地哭出來。高潮也是，如此而已（笑）。

田房　教授這麼一講，確實沒錯，但我沒有從這種角度思考過。的確，該怎麼做大家都知道。就算和對方是第一次上床，步驟也大致相同。

上野　知道會發生什麼後就顯得無聊，像是「哎呀，果然高潮了」。相較之下，性少數者的挑戰就很大，讓我覺得「辛苦你們了，對不起」（笑）。

田房　為什麼要道歉（笑）。

上野 朋友裡有很多女同志，她們都暱稱直女的我「直直的小千鶴」。她們之間也有「T」或「婆」等角色定位。

田房 「T」和「婆」是什麼？

上野 男同志也有「1號」和「0號」。粗略的說，就是在性角色上扮演男方或女方。這讓我覺得很不可思議，便問她們：「為什麼要這樣分？」一位女同志對我說：「因為在性愛上除了異性戀以外，沒有其他對象可以參考。」聽完馬上就懂了。今天這種角色區分也逐漸模糊，不管是男同志還是女同志，1號0號、T和婆的差異似乎也不再明顯。也可以說，同志在性愛上已經進化了這麼多。

田房 哇，原來如此，這都是我從沒想過的事。

上野 性愛也需要透過學習，我們都在無意識中接受大量的洗腦。為什麼人在陷入情網時，能意識到那是戀愛？因為我們不光是從現代媒體，還從如《源氏物語》等古典文學裡，早已開始學習什麼是戀愛，所以才能認出自己的情感「就是在那本書裡讀到過的戀愛」。文字的巨大力量束縛人類。英國作家柯林．威爾遜[84]在《殺

---

84 柯林．威爾遜（Colin Wilson，一九三一—二〇一三），英國評論家、小說家。著有《殺人百科》（*Encyclopedia of Murder*）、《局外人》（*The Outsider*）、《超自然學》（*The Occult: A History*）等書。

人百科》一書中分析少年以兇器反覆刺入心儀少女的案件，他認為「要是少年知道什麼是性，或許就不會殺害少女」。也就是說，威爾遜推測少年不知道該如何表達「希望與人建立關係」或「想接近對方」的感情，也缺乏表現的方式，因此化為刺殺的行動。所以，用來表達感受的詞彙清單愈長愈好。這樣當我們覺得心跳不已，覺得自己無可救藥地受到吸引，才會察覺「原來這就是漫畫裡出現過的『戀愛』」。反過來說，如果事先不知道詞彙，便無法表達。我們女性主義者做的就是指出「那是性騷擾」「那樣是家暴」。事先知道什麼是性騷擾就能辨認出來。即使是後來才認識這些概念，也可以像「回想那時候覺得不舒服，原來那就是性騷擾」，再次定義過去的經驗。若無法以語言描述，情感就無法化作經驗。

男孩女孩，看的動畫漫畫大不同

田房　這麼說來，小時候接觸到的漫畫或動畫就很重要。大家對於戀愛與性的認識，幾乎都是從媒體學到的，而不是父母或老師那裡。現在的小孩還有社交軟體及YouTube等影音平台，不過動漫的影響還是不小。說到這個，在給小學男生看的動漫裡，有超多男性對女性產生欲望的場景，然而女性卻沒有半點主體性。

上野　是啊，給男孩子看的漫畫，內容十分守舊。

田房　出場的女性角色被粗略地分成兩種，一種是展現傲人性感肉體，讓男主角流出鼻血，說著：「喂！討厭」或「你看到我的胸部了吧」這類肯定男性性欲的角色；一種是訓斥流鼻血的男主角說：「你這傢伙！」一邊拿摺扇巴他的角色。將女性按照功能劃分，女性的角色分工在此時已然出現。

上野　但不管是哪一種女性角色，都沒有性需求是嗎？

田房　沒有。有時會出現很主動的花痴角色，由她負責表現所有關於「也有女性有性需求」的部分。《哆啦A夢》裡的靜香則是身兼引發欲望和訓斥兩種功能，該怎麼說才好呢……就讓人不知該從哪裡說起。

上野 媒體是一種洗腦裝置。孩子受到媒體洗腦，在它們灌輸的文化中成長。如果男孩和女孩看不同的漫畫長大，觀念便完全不同，而擁有不同觀念的男女想要結為伴侶，自然會出現認知上的不協調。

田房 我覺得日本兒童動畫裡的性別意識，還停留在昭和初期。

上野 這就是田房小姐出場的時候了。我們需要其他不同的文化，來對抗帶有性別歧視的主流文化。必須有人發出這些訊息：「這裡有不同的腳本喔！」「還有其他的選擇喔。」因為必須用文化來對抗文化。

田房 我最近也深有同感。即便以人母身分發言也無濟於事，不管說什麼都會被認為是「扼殺表現」，傷害到喜歡這類作品的讀者，還莫名樹敵了。還是必須以漫畫家的身分站上擂台。

上野 在我這個世代，努力投入這項工作的漫畫家是石坂啓[85]，雖然她只是少數人。後來出現岡崎京子[86]等少女漫畫家，描寫具有能動性的女孩。必須從對抗性文化發出訊息，否則無法產生改變。雖然談不上澈底消解男孩文化，但希望能發展成相互抗衡的規模。向孩子傳達訊息的技巧，會影響能達成的事情。畢竟，總不能叫小學生看我的書（笑）。

田房 我現在的漫畫風格也做不到，所以這是我的目標。

上野　有這樣的使命感真不錯。研究少女漫畫的藤本由香里[87]曾說，少女漫畫中登場的角色正在變化。漫畫家筆下似乎也出現了既有性欲，也經濟獨立的女性角色。迪士尼動畫不也跟以前不一樣了嗎？大眾文化會和社會變化互相產生影響。

田房　的確，女孩子看的動漫畫都和以前不同了。不過男孩子這邊卻沒有那麼多變化。

上野　這樣男女雙方的距離就會愈來愈大。最健全的發展就是女孩不再選擇這樣的男性，將他們全部淘汰，不過要是有人因此惱羞成怒，就麻煩了。

田房　因為他們有惱羞成怒的權利。

上野　不，沒有人有權利。任何人都無權因此發飆，威脅別人的生命及安全。

田房　也對，沒錯。

上野　在漫畫的閱讀上，男性讀者和女性讀者的區隔這麼分明嗎？沒有出現性別跨界消費，例如男生看少女漫畫，或反過來女生看少年漫畫？

田房　我想兒童動畫的觀眾在收看上會出現性別跨界，但漫畫雜誌的區隔就十分明確。

85　石坂啓（一九五六—），漫畫家、作家。著有《比吻還簡單》《小貝比降臨》《討厭男生》等書。

86　岡崎京子（一九六三—），漫畫家，作品包括《PINK》《我很好》《Helter Skelter 惡女羅曼死》等書。

87　藤本由香里（一九五九—），評論家、日本漫畫學會理事，著有《屬於我的地方在哪？》等書。

上野　雜誌負責人不會都是中年大叔吧。

田房　應該是我這個世代的大叔（笑）。

上野　如果能讓男孩也多多閱讀少女漫畫就好囉。

田房　給男孩看的漫畫內容，大概都是些屁股、放屁、大便吧。

上野　哈哈哈哈。

田房　現在電視播放給小學男生看的動畫裡，甚至還有「嘲笑人妖」這種情節，讓人驚訝。

上野　像這樣的漫畫，家長也放心讓小孩看嗎？

田房　這禁止不了的。就算父母不給看，他們也還是會接觸到。

高潮，就是我的革命！

上野　等他們再大一點，就會在網路上觀看色情影片，那是澈底追求陽剛氣質的文化。他們會在那裡學習什麼是性。

田房　我就是完全的AV（Adult Video）世代。

上野　好像很多人都是靠AV學習性愛。透過AV知道什麼是性的世代，也知道愛不等於性。比起愛與性不可分割時代的壓抑，這樣或許好一點，但在認識到什麼是愛之前先透過性產業或AV認識了性，並接受了那些性觀念的男女後來應該滿淒慘的。這是我閱讀雨宮真美[88]的《忝為女子》的感想。

田房　是挺淒慘的。我認為自己這個世代不管是在性愛觀、男女觀、戀愛婚姻觀上都十分貧瘠。夫婦關係也是。而其中又以性方面最為貧乏，一片荒蕪。

上野　性愛門檻變低了，卻半點也沒有更自由更開放。

田房　我認為我們這個世代被灌輸了性愛應由男性主導的觀念，覺得由女性主導哪裡怪怪的，一定要再為她加上「倒貼」兩個字，或是「淫亂」。我念高中時正好趕上高校女生風潮，但感覺上，那時候的性愛或男女交往，握有主導權的仍然幾乎都是男生。或許是因為我們當時是高中生。不過，女生似乎也未曾去思考自己想要什麼樣的性愛，再尋找符合的伴侶。大家在意的是對方是不是認真的，或是小心別做完就被甩掉，都是這類事情。

88　雨宮真美（一九七六—二〇一六），作家，《忝為女子》（二〇一一）為其自傳性質散文集，另著有《活在東京》等書。

上野 也就是處於被選擇的被動方。

田房 對。與此同時，主流媒體卻塑造出搶眼的高校女生形象。

上野 高校女生就這樣被消費了。

田房 賣內褲啦，援助交際啦。我們十幾歲的時候就大量接觸這些價值觀。現在想起來那應該也算是種性暴力，但當時只能接受。我和泡沫世代的女性聊到性愛時覺得很驚訝。我認為我們這個世代是口交世代。

上野 這是指在性愛上對男性奉獻付出？

田房 是的。性愛和口交變成套餐，就像漢堡會附上薯條，做愛就會口交。

上野 口交和舔陰也是套餐嗎？

田房 偏偏這就不是了。我覺得泡沫世代是舔陰世代。我和泡沫世代聊天時被問道：「為什麼還要幫男人口交？」讓我吃了一驚。

上野 因為那是男人為女人服務的時代。那時候女人的價值很高，作為可販售的商品，女性的性價格高昂。

田房 泡沫經濟崩壞後，大約十年就已經不是了。

上野 北原實里[89]在〈an·an的性愛專欄讓妳變美了嗎？〉中寫下了〈an·an〉四十年的歷史，讀了以後浮現在我腦海的是「然後大家都成了性工作者」。田房小姐世代的女性都毫不計較地服務男性嗎？

田房 我們認為這是很平常的事。

上野 在AV裡學到的嗎？

田房 AV的影響應該非常大。畢竟那在生活中隨處可見，平常也能在電視上看到AV的新作介紹。

上野 真是野蠻的時代。

田房 我不知道自己有沒有資格評判，不過我還是要說，我這個世代男人的性愛觀念也是貧乏的不得了。不管是什麼樣的女性，通常我都會很快地與她們聊起性愛話題，但我幾乎沒有遇過男友或是丈夫技巧高超，常能在性事上帶給她們良好體驗與滿足的女性。能在性愛上滿足的，對象幾乎百分之百都是砲友。難怪無性婚姻的夫妻愈來愈多。相較於女性的愉悅，男人的欲求和快感更為優先，覺得那才叫做性愛。女人的高潮搞不好根本被當成了傳說。

上野 這也是被AV洗腦造成的？

89　北原實里（一九七〇—），作家。女性性愛用品商店「LOVE PIECE CLUB」負責人，著有《沒辦法像美樂斯這樣跑》《毒婦—木嶋佳苗百日審判旁聽記》等書。

田房 我認為女人的高潮被視為特殊現象，彷彿只有性愛經驗豐富的AV女優才可能獲得。我看過AV形容高潮是「到的時候會看見煙火」「飛向宇宙」等等，宛如超自然體驗（笑）。別說什麼高潮，覺得「女人積極回應讓人硬不起來」的男人也不稀有，女人在性愛上的表現，還必須讓男人能愉悅地產生欲望和快感，相當不自由。

上野 前面提到給男孩看的漫畫也是如此，這些觀念現在還有。

田房 女人也有性欲，和男人一樣，也能在性愛中獲得高潮。我真想問，這麼理所當然的事為什麼這麼困難呢。

上野 森瑤子[90]在三十七歲時寫下出道作品《情事》，開頭一句話讓人印象深刻，「夏天，即將結束」，描寫三十歲後半已婚女性的性愛，在當時大受歡迎。森瑤子在書中寫著：「我想做愛，用盡全力做到想吐為止」。但讀到這句話時我想著，「啊？我正在做啊」（笑）。

田房 已經用盡全力了嗎（笑）。

上野 現在是順利步入性欲低落階段（笑）。

田房 女性性欲幾歲會達到巔峰呢？

上野 每個人都不太一樣，不過大概還是三十五歲前後吧。和男性的性巔峰期有些差異。

田房 我也聽說過四十幾歲是高峰的說法。

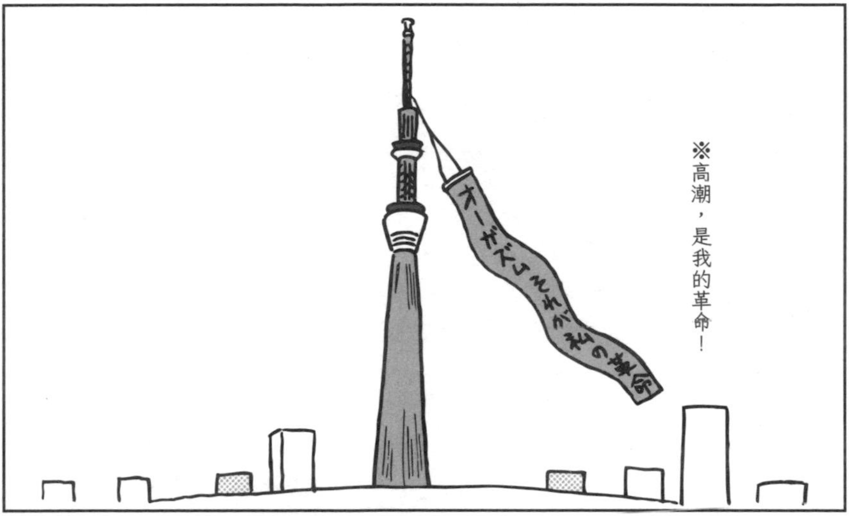

上野　不是有「三十如狼，四十如虎」的說法嗎？

田房　完全沒有那種感覺啊。

上野　咦（笑）。不過隨著年紀增長，性愛品質說不定也會上升，畢竟做愛也是講質和量的。如今性關係門檻降低，但性愛的品質似乎也下降了，那我們過去發起的性革命又算是什麼呢。五月革命的巴黎街頭都已有「高潮，是我的革命」這種標語了（笑）。

田房　真想再寫一次，掛在天空樹之類的地方。

上野　得確保不是「老子」的革命，是「老娘」的革命（笑）。

90　森瑤子（一九四〇—一九九三），作家。

第四章總結　田房

外國影集裡「帶小孩有多辛苦」或「該如何面對」的
內容會自然地出現在劇情中
我四年裡都沒得好睡
三個孩子的爸
十年前播出的美國喜劇《六人行》
這是小孩出生後第一個屬於妳自己的夜晚
謝謝你幫我照顧小孩
透露出女性在產後可透過週遭的安排協助，
而擁有自己時間的前提
然而在日本，當與社會大眾傳達類似的問題時，
則會著重在當事人的「悲壯感」和「迫切感」上
或許會演變成虐待致死
#幫幫多胞胎育兒　緊急記者會
紙尿布廣告
我們都知道！
這是最辛苦的時期
母親前輩發出的旁白
母親彼此安慰了事的世界
這些例子反映出
「大眾」覺得帶小孩沒什麼，
不會有問題的意識
毫無反應……
小孩出生前
無論男女
都不太清楚
將面對什麼
毫無反應……
孩子出生後的「落差」
十分巨大
別太像個母親了
還是要當個女人喔
這傢伙說啥鬼話
大叔式發言
吐槽的力氣都沒有
我想應該在國中及高中
裡開設育兒時期課程
減少男生的大叔式發言
提高年輕人的避孕率
應該能達到這些效果

第 5 章

我是女性主義者嗎？

女性主義者不受歡迎、討人厭，還會被排擠？

田房　我從沒說過自己「是女性主義者」，但因為其他人說「田房是女性主義者」，我才開始思考，但到現在都還不確定該不該這樣自稱。

上野　可以先問一個問題嗎，田房小姐對女性主義者有什麼印象？

田房　在我心中，女性主義者的形象是自由的女性。不喜歡的事就說不喜歡，而且不受上下關係束縛。

上野　這種印象是從哪裡來的呢？

田房　北原實里。十年前我參加的工作坊舉辦了北原女士的座談會，之前都覺得「女性主義」這個詞離我很遠，到那裡才發現「原來我所思考的那些就是『女性主義』啊！」像被閃電擊中。不過，我還是對公開表示「我是女性主義者」感到抗拒。

上野　為什麼呢？

田房　因為，社會氣氛讓人很難開口。

上野　像是說出「我是女性主義者」就沒好事？

田房　是的。還有人勸我「別說出口比較好」。舉辦相關活動時，勸我最好別寫上「女

上野 性主義」的多半是和我同世代的人。他們說最好是用「社會運動」或其他詞彙。那是地下女性主義者呢，就好像地下基督徒[91]那樣。我也收到過同樣的勸告。

田房 地下女性主義者（笑）。

上野 也有人對我說，書名不要出現「性別」或是「女性主義」比較好，因為會讓讀者反感，影響銷售。雖然我不確定是不是真的有影響。

田房 那時我十分煩惱，後來覺得既然如此，不如乾脆加上「女性主義」或是「女性主義者」。正因有那些已離世的女性主義先輩，以及仍活躍於前線的資深前輩的奔走才有今天的社會，因此希望能把她們也包含進來。還有，既然這些名詞給人的印象不佳，那麼扭轉形象的過程感覺也很有趣。即便如此，要我自稱女性主義者，我還是很猶豫。

上野 妳在不錯的環境裡認識到不錯的女性主義者實例，留下了正面的印象，不過大多數的人都強烈受到媒體形塑的負面形象影響。對某個世代的人來說，「提到女性主義者就是田嶋陽子[92]」，他們腦海裡就似乎只有田嶋遭受攻擊的樣子。

91 日本江戶時代幕府頒布禁教令鎮壓基督教後，民間有些仍然祕密維持信仰的信徒。

92 田嶋陽子（一九四一—），婦女研究學者、前法政大學教授、前參議院議員。一九九〇年後亦以意見領袖身分活躍於電視螢光幕前，以綜藝節目為主。著有《以愛為名的支配》《為什麼女主角被殺了》等書。

田房 我的世代就充斥著這種印象，像是「女性主義者＝田嶋陽子＝不受男人歡迎」。

上野 都是負面形象？

田房 非常負面。

上野 不受歡迎、討人厭、遭到排擠。

田房 受嘲弄、被取笑。田嶋陽子在電視上的這類形象非常強烈，沒有人比她更讓人印象深刻。

上野 她其實從不孤單，只是媒體為她塑造出那樣的形象。最近人們似乎開始重新評價她，有人以「媒體與女性」為主題研究她帶來的影響，《ETC》第二期的專題就是〈We ❤ Love 田嶋陽子〉，讓人感動這個時代終於來臨。田嶋陽子性格很棒，身為研究者論文也寫得很好，值得更高的評價。

電視節目和廣告就該被罵到會

田房　在我這個世代，就沒有如田嶋陽子那樣的女性主義代表人物。

上野　因為田房小姐的世代學習到「這樣沒好事」，會受到撻伐，會被人討厭。和我同時代的代表人物雖然有田中美津，但感覺上只有圈內的人知道。而我自己則是侷限在出版品方面，登上電視之類主流媒體的只有田嶋陽子。女性主義者本來就難有機會在媒體上曝光，即使出現了也不會受到公平對待。進入九〇年代後我便放棄在電視上曝光，覺得實在太蠢了。我想其他女性則是從田嶋陽子身上學到，別上電視比較好。所以缺乏活躍於媒體的代表人物。

最近美國最高法院第一位女性大法官露絲．貝德．金斯伯格[93]（RBG）的紀錄片上映了。

93　露絲．貝德．金斯伯格（Ruth Bader Ginsburg，一九三三—二〇二〇），美國最高法院大法官。她致力推動美國公民自由聯盟（ACLU）的女權計劃，以律師身分參與性平案件的訴訟。一九九三年在柯林頓總統的任命下成為史上第二位美國最高法院的女性大法官。二〇二〇年九月辭世。紀錄片《RBG：不恐龍大法官》（二〇一八，美國）。

田房　美國在六〇年代以後有傅瑞丹[94]或RBG這些女性主義的象徵，但日本卻沒有這樣的人，即使有，大概也盡是負面形象。

上野　上野教授也會成為這樣的象徵吧。

田房　我已經在走下坡了，之後沒有其他人可不行。畢竟我是老年人了，這點可別搞錯。

上野　我以為您還可以再代表一陣子……（笑）。

田房　四十歲的時候我就脫離了電視，不看也不上節目，因為只是浪費時間。

上野　電視圈很兇殘的。

田房　是啊，主要活躍在關西媒體上的遙洋子[95]曾說：「我是受嘲弄的女性典型。」因為結不了婚而受到嘲弄的單身女性，就是她被分配到的角色。

上野　最近還有節目把喜劇女演員叫成「醜女公主」。

田房　醜女？都這個年代了還有人這麼講？

上野　是《跳舞吧！秋刀魚皇宮!!》。

田房　沒有引發任何爭議嗎？

上野　那時已經沒人出來發表什麼意見了。

田房　最近帶有性別歧視的廣告只要一播出，馬上就會引發批評不是嗎？

田房　對。過去是什麼情況呢？

上野　日本第一次有性別歧視內容的廣告引起風波，是好侍食品的泡麵廣告。「妳來做，我來吃。」這句廣告詞引起爭議。這可是歷史性的事件。樋口惠子[96]他們為了在國際婦女年發起行動所組成的「女性行動促進會」[97]對廣告詞中劃定的性別角色提出抗議。這支廣告雖以「新產品輪替」為由中途停播，此事件卻遭媒體指責為「少數人士的歇斯底里」。到了今日，只要推特上出現強烈反對聲浪，企業就會立即撤廣告。

田房　但只有廣告下架，不會促成任何討論。他們還是不了解為什麼被抗議，也不會去思考整件事，總之先喊停。

94　傅瑞丹（Betty Friedan，一九二一—二〇〇六），女性主義運動家，一九六三年出版的著作《女性迷思》為女性解放運動帶來巨大的影響。一九六六年創立美國最大的婦女組織NOW（National Organization of Women，全國婦女協會），並擔任該協會會長直到一九七〇年。

95　遙洋子，藝人、作家。一九九七年起於東京大學師事上野千鶴子，《在東大向上野千鶴子學吵架》（二〇〇〇）成為暢銷作品。

96　樋口惠子（一九三二—），評論家，NPO法人「營造美好高齡社會婦女會」理事長，著有《一人銀髮族的各種人生相談》等書。

97　一九七五—一九九六年，以對女性解放運動有所共鳴的三四十歲女性為中心，呼籲各界女性一起站出來。抗議女主播因性別而受限的分工方式（一般日本女性主播僅能在節目或新聞中擔任助理角色）、推動男女共同學習的家政課程，以及出席點名簿不以性別分類運動。一九八五年更名為「女性行動會」。

上野 沒錯。性騷擾在一開始被提出時，幾乎所有男人都覺得「那些年輕男孩有什麼錯？」不過當訴訟不斷被提起，且勝訴率上升，賠償金額也變高後，男性和企業也都學習到了「做這些事會很不妙」。

田房 只能靠這種方式改變他們了，無法期望他們自發性轉變。

上野 因為男性文化和我們的太不同，只能透過這些方法，讓他們一點一滴學到教訓。

田房解說

《跳舞吧！秋刀魚皇宮!!》

明石家秋刀魚與多位來賓一同談話的日本電視台人氣節目，配合每集的主題邀請不同來賓出場。節目話題幾乎都集中在外表美醜、地域、已婚或獨身這些「差異」的對比上，且喜歡強調「等級優劣」。雖曾在二〇一八年因「美女與醜女」的主題在網路受到譴責，二〇一九年六月卻又再次使用「醜女公主」一詞。

女性主義者的形象產生了變化

田房　二〇一八年底的時候，即使是能接納女性主義的女性也會對我說「活動名稱裡別加上女性主義比較好」，但二〇一九年開始好像有所改變了。女性主義、女性主義者這些詞彙好像沒以前沉重了。

上野　我也這麼覺得，氣氛確實和過去不同，似乎是從伊藤詩織發聲開始的。這次的浪潮和女性解放運動時不同，解放運動那時雖然熱烈，但社會氛圍卻比今日冷淡得多，甚至遭到媒體一致抨擊，差異極大。

田房　開始大量出現自稱為女性主義者的人，接著就是上野教授的入學演講了。可以感受到整體潮流的變化。

上野　社會上愈來愈多毫不猶豫就能自稱女性主義者的人。田房小姐的世代對女性主義有負面印象，認為「一旦自稱女性主義者就沒好事」，「不希望與男性為敵」。然而下一個世代，也就是如今二、三十歲這一代對女性主義卻沒什麼負面印象，或許正因為一無所知而感到新鮮，覺得「女性主義者還真敢說」。不過這也有好有壞。如同田房小姐以「A面B面」來描述的表現方式讓我心情複雜，年輕世代的孩子雖然對女性主義沒有負面印象，但也沒有正面形象，也意味著過去我們的努力沒有承傳下來。

田房 女性聊自慰在年輕人眼中是劃時代的創舉，但其實我們半個世紀前就在聊這些了。歷史出現斷裂，沒有接軌，驀然回首才發現「咦，後面沒有半個人跟上來」。似乎也有人把女性主義當成海外傳進來的新時尚。在我的世代心中，女性主義者與田嶋陽子劃上等號，而在今日青少年的認知裡是艾瑪華森[98]。

上野 我也聽說過。果然還是透過海外接收到的，分明過去就有的東西，卻成了「再發現」。為什麼斷層這麼嚴重？這值得思考。社會氛圍發生轉變固然令人高興，但我們在過去半世紀的行動又算什麼呢？為何不為人知？我們甚至被批評過「社會改變不了，都是女性主義者的錯」。因為我們太過無力嗎？力量微弱是事實，但是是我們的錯嗎（笑）？

田房 女性主義能在今日急速崛起，靠的也是長期的醞釀。最近幾年女性主義的小說或漫畫一本接一本地問世，各個領域都有人出來發聲。我想這些都代表了奠基在女性的奮鬥史上，自女性解放運動以來各運動推行的成果終於開出了花朵。

上野 是啊，在我們的下一個世代，無論男女多少都接受過女性主義的洗禮，因此也開始有男性認為，不處理這些議題，社會便無法向前，如中森明夫[99]、山崎浩一[100]這些文字工作者，還有作家星野智幸[101]等。這一世代經歷過女性主義洗禮，男性中有人認為必須認真面對，也有人反而因此嗤之以鼻。即便如此，受到女性主義影響這件事無庸置疑。

田房 我想，或許那些有辦法自稱女性主義者的人不是突然冒出來的，而是接觸上野教授的書和婦女解放運動長大的。就算沒有直接接觸女性主義，但也是在社運人士耕耘過的土壤中成長。

上野 不過，我覺得我們的表達手段仍嫌不足。之前在一所大學演講關於慰安婦的題目，結束後有一名男孩跑來對我說：「教授講的慰安婦和我知道的完全不一樣。」我問他：「你是從哪裡知道的呢？」他回答我：「小林善紀[102]。」我說：「那你願意讀一讀我的書嗎？」這名男孩子反問我：「教授，你們那裡有沒有人畫漫畫呢？」我只能回答：

98 艾瑪華森（Emma Watson，一九九〇—），英國女演員，因飾演《哈利波特》系列電影的妙麗一角而聞名，近年則以女性主義者身分參與募款及演講等各種活動。二〇一四年時被任命為聯合國婦女署（UN Women）親善大使，同年在聯合國發表的演說〈他支持她〉（He For She）引起熱烈討論。二〇一九年出席七大工業國組織高峰會（G7）顧問委員會。

99 中森明夫（一九六〇—），作家、偶像評論家，著有《東京八〇青春》等書。

100 山崎浩一（一九五四—），專欄作家、評論家，著有《危險文章講座》等書。

101 星野智幸（一九六五—），小說家，著有《人魚唱著喚醒的歌》《無盡夜》等書。

102 小林善紀（一九五三—），漫畫家，作品有《傲骨宣言》《烏龍少爺》等。

「抱歉，我們畫不出來。」（笑）

能傳播出去才有價值，所以需要表達的手段。就這點而言，田房小姐便掌握了方法。雨宮處凛年輕時曾加入右翼團體，也參加過左翼團體[103]。她說左翼團體總愛用艱澀的詞彙，但右翼的文字卻簡單易懂，而且叔叔很溫柔。這說的也有道理（笑）。

田房 這麼說來女性主義也是如此，如果能換一種方式表達，或許也能讓更多人接受？

上野 這就不確定了。不知道到底是我們的方式太糟，還是阻力過強。因為過去即便我們嘶聲力竭，媒體也不曾關注，被當作題材時也都是些抹黑扭曲的報導，有時還被拿去當成「做這種事沒什麼好下場」的負面教材。

我十分痛恨媒體。直到最近都還有媒體來問我：「為什麼席捲海外的 #MeToo 運動[104]在日本卻沒什麼人響應？」真是讓人火大到不行。日本明明也有很多行動，只是媒體自己不報導，是誰不來採訪的？前財務省事務次官性騷擾事件爆出時，召開了以呼應 #MeToo 浪潮的「#WithYou」為標語的緊急院內集會[105]，一位女記者表示希望前去採訪，主管卻否決說：「沒有報導價值，不必去」。

田房 價值……

上野 很過分吧。所以才說我相當痛恨媒體，特別是他們還那樣對待田嶋陽子。不過，我想田嶋陽子是很自豪的，因為她在參議院的不分區選舉中獲得了五十萬票[106]。這應該是她強大自信的根基，代表全國各地的女性支持田嶋陽子「為我們發聲」，將票投給她。她的演講似乎也很受歡迎，這意味著雖然在電視上持續發聲的女性主義者只有她一人，但受她影響的女性主義者也在各地凝聚成群。

103 傳統上將保守勢力稱為右翼（右派）、進步派或追求革新及革命的勢力稱為左翼（左派），但其具體意識形態及範疇則因時代和國家而異。

104 #MeToo 運動，在推特或 Instagram 等社交軟體上公開與分享遭受性騷擾經驗時所使用的標籤（Hashtag）。二〇一七年好萊塢電影製作人哈維．溫斯坦（Harvey Weinstein）性騷擾醜聞遭報導揭發（不久後因性侵等罪行遭到起訴），許多人紛紛站出來分享自身的性侵害及性騷擾遭遇，這股浪潮在短時間內席捲全球，在各地引發大規模抗議活動。

105 全名為「禁止攻擊性騷擾受害者之緊急院內集會」，二〇一八年四月二十三日在日本衆議院第一議員會館召開的集會，除指出當時日本法律對性騷擾的定義和防範、受害者支援仍不完備外，參加的記者等相關業界人士也分享了女性記者在採訪企業甚至政府機關時遭受性騷擾但投訴無門的狀況。

106 日本選舉是採書寫式投票，不分區投票時可以寫政黨名，亦可寫上支持的候選人名字都算是有效票。

男人知道自己是占優勢的一方

田房　每當女性主義者抗議或是發表意見時，就會有人說「女性主義者厭惡男人」或「這是想奪取男人的社會」。

上野　還有「女性主義者就是想變成男人的女人」之類的，這些都是全然的誤解，也是從十分「男性思維」的角度來看待女性主義。我在東大入學演講中提到「女性主義不是想要弱勢者成為強權者。女性主義追求的是弱勢者也能得到同樣的尊重」。結果很多男性跑來說「第一次聽到這種定義」「妳搞錯了吧」。人只能憑自身的經驗理解他人，因此當女性開始主張權利，他們只會解讀為「原來妳們是想變成我們」。這是男人想像力的侷限。因此在男人眼中這就成了權力遊戲中出現新的競爭者，自己的地位受到威脅。不過我們卻覺得：「才沒人想變成你們！」「誰要變成這麼無聊的生物！」（笑）

田房　就是這樣，一點也沒錯（笑）。一被抗議就立刻聯想：「這是想要取代我們嗎？」就代表他們清楚自己處於支配地位。

上野　他們心裡有數自己占有權力優勢，不可能一無所感。雖然也有很多男人認為自己沒有獲得半點紅利，身為男性比較吃虧，但那些人大概就覺得身為男人本就該過得舒服吧。

田房　他們其實心知肚明。這種無須多言也是一種權力。不過，不是也有表現得毫無自覺的人嗎？比如每當要聊起女權的話題時，就會有男性跑出來說：「代表男性向大家道歉，對不起。」像是在說「身為男人，我很抱歉」。其實，這讓我簡直有種要反胃的不快感。

上野　讓妳幾乎感到反胃的理由是？

田房　會這麼說的男性通常並無惡意，態度上站在女性這一方，因此很難說他們不好。但歧視女性的問題歷史悠久且深遠，牽涉相當廣，不是個人層面誰

上野 對誰道歉就好了，所以聽到有人說「代表男人向妳說抱歉」時，我反而會生氣。這種說法，其實等於在表達他不願再聽下去，想充耳不聞。

田房 這種「對不起」不會帶給任何人幸福，也沒有真的表達出歉意。原本就不是訴諸個人層面的議題，卻被大事化小了。

上野 男人的反應不是威嚇就是逃跑，脫不了這兩種。

田房 真想消滅「身為男人，我很抱歉」這句話。

上野 和人溝通，改變對方，這是非常耗費精力與時間的。有些男人值得自己投入人生的能量和時間，也有些不值得。這種投入需要有愛支撐，所以也只能去改變希望改變的男人。

田房 原來如此，家庭中的「一人一殺」也有著這樣的意涵。這確實要耗費相當大的精神，也只能投入在重要的對象身上。

上野 花了力氣也沒用，不值得這樣付出的男人也多得很。

田房 偏偏就是這種男人會認為自己懂什麼是女性主義，然後在妳身邊出沒……

上野 哈哈，會自己跑過來呢（笑）。妳遇到這種人不會想講幾句難聽話或嘲弄一番嗎？

田房 我都懶得理他們。

上野 那說不定我還比較親切（笑）。這種人只要反問一下就會原形畢露，所以我會追著問：「你這是指什麼？」「這跟你剛剛提到的不一樣吧？」或像是：「你說對不起，是覺得自己錯在哪呢？」

「女性主義者＝想當男人的女人」這種誤解

上野　一九八五年《男女雇用機會均等法》[107]（以下簡稱《均等法》）制定時，許多男人帶著「有本事丟掉女人的身分，放馬過來」的姿態，一副「過來啊，比個輸贏」的霸道態度對待綜合職的女性。當時許多人便出現了疑問：未來要求女生「以綜合職為目標，咬緊牙關加油」算是女性主義嗎？其實不然。我們認為：「這是陷

107　男女雇用機會均等法，《確保男女在雇用上獲得均等機會以及待遇之法律》的通稱。一九八五年制定，一九八六年實行。規定企業雇主在召募、進用、配置、升遷、各項福利措施、退休、退職、解僱上，不得以性別為由而有差別待遇。二〇〇七年的修正中又加上禁止因員工生產、育兒而損害其利益，以及禁止男性差別待遇、性騷擾等規定。二〇一七年修法時又加入禁止歧視懷孕員工的規定。

阱，在這裡找不到解方。」該法案造成女性被分成綜合職和一般職[108]，後來又再切割為正職和約聘，結果包括二〇一五年實施的《女性活躍推進法》在內，「雇用上的男女平等」概念不過是讓女人做和男人同樣多的工作，然後用完就丟。我從不認為女性主義的重點在讓女人與男人並駕齊驅。媒體經常散播錯誤的女性主義形象，製造出如「女人帝國」等各種諷刺漫畫，但模仿男人並不會帶來任何益處。因為模仿男人意味著成為支配者，變得有權有勢，成為壓迫的一方、歧視的一方，那樣只會產生其他受壓迫者或歧視者。

性別研究者大澤真理[109]在《均等法》訂定時發表的英語演說中，稱該法是「量身訂製的法律」，她卓越的表達能力令人驚歎。男士西裝的用語「量身訂製」，用在此處實在是一針見血，十分貼切。這和田房小姐寫過的「因為這個世界只生產男士西裝，即使不合身，無奈之下也只能借來套在身上」[110]所指亦同。女人想要的是工作，而不是穿上男士西裝。

田房　因為沒得穿啊，沒有別的衣服。

上野　女人也不願穿著男士西裝工作，卻沒有其他衣服可穿。此時男人表示：「只要妳穿上，就可以加入我們。」這就是《均等法》。但不可隨之起舞，因為這不是我們要的。我們的想法一直是「原本的自己沒什麼不好」。

新事物出現時，人們常會先以既有的價值觀解釋。所以在那些大叔的眼中，主張權利的女性就成了「想奪走男人權力取而代之的女人」。

這種事我實在遇過太多。比如我著手召集同伴組成研究會時，男性前輩卻

108 綜合職和一般職，日本企業錄用社員的類別名稱。在一九八六年《男女雇用機會均等法》實施下，企業為改變過去以男女分類的人事管理而採用。一般而言，綜合職為需要判斷能力的企業核心工作，一般職則是擔任輔助性工作。企業開始採用此分類時便會被對比揶揄為「想和男人一樣工作的綜合職」和「以辭職結婚為目標來找結婚對象的一般職」。根據日本厚生勞動省的調查結果，二〇一四年度公司企業新雇用的綜合職中女性占二二．二%，一般職占八二．一%。

109 大澤真理（一九五三—），經濟學者，著有《英國社會政策史—濟貧法與福利國家—》等書。

110 出自田房永子的《女人去了只有男人能進去的場所》（EAST · PRESS，二〇一五）

說：「上野也在培養手下啦。」我根本沒這樣想過。那位前輩組成研究會是為了這個目的，所以也這樣看我，把自己的那一套投射到別人身上，無法從上下主從以外的角度思考人際關係。強權者想像弱勢者的能力是很貧乏的。因此我無論如何也想說，且必須說：「女性主義追求的是弱勢者本身也能獲得尊重。」

女人也要當兵才是性別平等？

上野 女性主義中有一派認為「所有男人能做的，女人也能做」，若以英文來講就是「Women can do it all.」。主張女人可以成為警官也可以成為消防員，當然也能上戰場。

田房 也就是認為女人也要當兵，才算真正男女平等。

上野 美國抱持這個觀點的人不少。日本雖然也有類似的主張，但日本的女性主義與和平主義的關係更緊密。有些美國女性認為，「既然是男女平等，女人也能上戰場」；相反地，南韓女性主義者卻遭男性責難，「連兵役都沒服過還要求什麼平等」。當兵不好受，男生也不願意入伍。韓國男人才會對女性心懷怨恨，覺得「我們被迫服那種苦役，妳們卻想要求平等？開什麼玩笑。」因此南韓對女性主義者的敵視比日本還嚴重，產生的反擊也相當激烈。

實施徵兵制[111]的國家果然不太一樣，我們在日本或許很難完全體會，大家都太安逸於和平了。但由於日本也有女性主義者主張「和男人一起上戰場才是男女平等」，我們也必須對抗這種主張。

田房　這次是女性主義者之間的對抗呢。

上野　比起「平等是和男人做同樣的事」這種淺表的主張，反對的一方必須建立起更複雜的論述。

田房　該如何提出反論呢？

上野　例如「若說徵兵是對人權的侵害，男性人權也受到侵犯，因此男人應該站出來說不」。徵兵不只侵害士兵的人權，對受到攻擊的死難者而言，更是侵害人權。軍隊是殺人機器，要在殺人機器中追求男女平等，說這屬於女性主義，是不是哪裡搞錯了。我認為這樣想心靈才算健康，但無論男女都有人持相反意見，單憑形式

111　日本的徵兵制始自一八七三年（明治六年）發布的徵兵令，於一九四五年（昭和二〇年）廢止。

上的邏輯就說：「這不合理，為什麼女人不去當兵？」中野翠[112]在波斯灣戰爭時就曾說，為什麼女性主義者就是不能明白地說出：「應該要給女人均等的參戰機會」。這真是很討厭。

學校裡能教女性主義嗎？

田房　雖然我現在也會發表對女性主義的看法，但其實我以前對它一直有誤解。我曾經以為那是一群特立獨行的怪女人，為將個人不滿歸咎於社會而衍生出來的產物。對女性主義的誤解消除後，我又以為自己沒在大學學過女性主義，發表意見可能會被攻擊。真希望學校能教點女性主義。直到今日，這仍是不自己起身挖掘便無法獲得知識的領域。

上野　學校其實也發生了變化。現在學生的點名簿是男女混合的吧？

田房　是男女混合的，也不再叫男同學「某某君」，所有學生都是「某某同學」。

上野　而且現在男生也得上家政課，不是嗎？這是在全體家政老師的努力下促成的改變。

田房　雖然性平就這樣融入了生活，但仍然缺少學習其理論和知識的場所。我認為這點影響重大。或許這也是為什麼人們缺乏管道，無法接觸到女性主義的正面形象。

上野　是啊。別說女性主義，就連近現代史的教育都不足。

田房　我完全不曉得過去日本有通姦罪[113]，幾年前知道時很衝擊。明治時代是父權體制下的男性世襲制度，認為「女人是為家族生小孩的道具」，因此女性和丈夫以外的人發生性行為會被以通姦罪逮捕。這種概念自明治四〇年制定起至二〇一七年刑法修正為止，一百一十年間毫無變化。通姦罪本身雖已在一九四七年廢除，然而已婚婦女法律上有義務維護貞操，這種明治時代不把女性當人看的觀念仍殘留影響，直到二〇一九年的現代，性侵受害者仍會被追究「是否曾不顧一切奮力抵抗」（參考頁二〇七表格）。我十分震驚，

112　中野翠（一九四六－），專欄作家，著有《小津美學》《不管幾歲：高齡生活樂》等書。

113　日本明治時代的舊刑法規定為「有丈夫的女性與丈夫以外的男性發生性行為時，該女性與對象男性所成立之犯罪」，若是丈夫與其妻以外的女性發生性行為，只要該名女性沒有丈夫，則無罰則。日本於一九四七年刑法部分條文修正時刪去通姦罪的條文，但在民法上仍屬於不法行為，為損害賠償的對象。台灣則遲至二〇二〇年五月才廢除刑法上的通姦罪。

上野　想著為什麼這種事沒有寫進教科書裡呢。田房小姐前面提到認識的人成為外遇對象，而被對方妻子控告，其實那也是通姦罪殘留的影響。過去僅限丈夫一方擁有控告權，當雙方皆擁有該權利後，妻子便也能提出告訴，然而該法背後的原理依然是「所有權侵害」原則，令人驚奇（笑）。

田房　配偶又不是寵物……學校裡學到的明治時代是文明開化、炸肉排的流行啦，都是這些印象。

上野　還有，紅豆麵包的起源（笑）。

田房　對，對（笑）。只記得這些東西。比起這些，怎不教教我們女人遭受過的對待。我們根本不知道過去是如何掙得權利的，就在表面平等中長大成人，相信人們口中的「現代社會男女平等」。明明一百年前的社會還那樣，哪有可能突然就完全平等了。

上野　但這些是透過學校教育教的嗎……是不是在家裡，透過祖母和母親的敘述一代傳一代的呢？

田房　該怎麼說呢，光靠家庭教育實在很難……

上野　媒體也能發揮教育的作用。《阿信》不就是個相當有影響力的例子？

田房　最近和二十幾歲的女生聊天，有人這麼說：「明明在工作上早就男女平等了，女性主義者還對男性講一堆很針對的難聽話，男性也因此小心翼翼，反而很難相

獲判無罪的性侵害事件（判決時間皆為2019年3月）

起訴內容	法院判決無罪的主要理由	罪名
男性灌醉女性後性交	◆ **福岡地方法院久留米分院** 女性雖然處於無法抵抗的狀態，但因曾張開眼睛，數次發出聲音，因此在狀況上致使被告誤以為該女不反對性交。	準強姦罪
男性強迫陌生女性口交，導致女性負傷	◆ **靜岡地方法院浜松分院（裁判員*裁判）** 由於該名女性無法進行抵抗，沒有以被告可理解形式表明抵抗之意，因此無法認定被告是為故意。	強制性交致傷罪
父親與當時19歲的長女性交。長女自中學二年級起便遭受性虐待	◆ **名古屋地方法院岡崎分院** 雖可稱未經女兒同意，藉由長期的性虐待實施精神上的控制，但無法判定女兒處於無法抗拒的狀態。	準強制性交等罪
父親對當時12歲的長女施以性暴力，並於長達兩年期間強迫與其發生性行為	◆ **靜岡地方法院** 遭父親施暴的女兒更改證詞，認為不足採信。七人共同居住的房屋狹小，無人察覺此事相當不自然、不合理。	強姦罪

* 裁判員制為日本讓公民參與審判的制度，與美國的陪審團制立意相近，但實施細節相異。

上野　處，真是找麻煩。」不把歷史傳承下去，我想還是不行的。

上野　應該反問她們：「請想想看，如果男人不再謹言慎行，會變成怎樣？」津田塾的女大學生也說了相同的話：「男生怕被指為性騷擾，各個緊張，工作變得不順暢」。所以，「妳覺得男人如果不那樣小心，會發生什麼事？」我告訴她們：「會去摸妳的屁股，揉妳的胸部！」

田房　唉，真的。強權者就是這樣，沒辦法。過去辦公室裡被上司摸屁股什麼的可都是常態。

上野　我直說男人把皮繃緊一點才是剛剛好，得到的回應是「好喔」（笑）。

戰後創傷壓力症候群與男性情誼象徵

上野　歷史教育非常重要，不僅是女性主義和性別，也希望能納入戰爭。在現在的學校裡，這方面學生能學到的似乎不多。

田房　NHK的晨間連續劇裡還滿多男性自戰場歸來的場景，但大家都是安穩地回歸社會。這怎麼可能。親身經歷過殺戮生死的人，自然會受到嚴重創傷，應該會變得更為不穩定或暴躁吧。女性也因為經歷過空襲，也有不少人因情境閃現，產生突發反應而舉止怪異。戲劇要這樣演也無妨，但還是該有機會瞭解實際情況。

上野　戰爭經歷和家庭暴力的關連，最近終於成為研究議題。大概是出於「皇軍不需要這種懦弱士兵」的觀念，日本始終隱瞞士兵因戰爭引發精神官能症的事。直到自阿富汗戰爭歸國的美軍家庭出現家暴問題[114]，回顧歷史才發現日本也曾出現許多案例。

有趣的是，這是由孫輩的年輕研究者針對祖父母輩展開的研究。或許是因為子女輩關係還太近，仍難以著手研究父母的世代也說不定。我也覺得要求學生訪問並撰寫「母親的生活史」有些困難，但若是「祖母的生活史」便簡單得多。

當年才三十多歲的研究者中村江里[115]，她的博士論文研究

114　舊金山退伍軍人醫療中心的研究小組，分析十萬三千七百八十八名退伍軍人的資料後，統計結果顯示，自阿富汗以及伊拉克回到美國的退伍軍人中有四分之一被診斷出罹精神上的疾病。若將家庭暴力也列入精神疾病中，則這群退伍軍人中有三一%罹患精神疾病。參考：AFP BB https://www.afpbb.com/articles/-/2194462

115　中村江里（一九八二—），社會學者，著有《戰爭與創傷》等書。

主題是日本士兵的戰爭精神官能症。日本戰敗時，軍方司令部下令國立陸軍醫院精神科醫生燒毀全部的資料，但有人將八千份的病例藏在鐵桶中，偷偷埋起來。中村江里將這些病例數位化並進行分析，研究結果寫成《戰爭與創傷》這本書。NHK的ETV頻道紀錄片《被掩藏的創傷——八千名精神創傷士兵的紀錄》便是以該書為基礎，也是第一個介紹士兵因戰爭引發精神疾病的電視節目。罹患戰爭精神官能症的士兵當時被視為恥辱，存在遭到隱藏，他們就這樣消失了。即使治癒，也因為沒有可以投靠的親人，無家可歸而無法回到故鄉，有人因此在醫院裡度過了數十年，直到過世。

我既不弱小，又是男人
才沒有受傷
完全
沒問題
擠
難過
想哭
想被愛
B面受到A面的擠壓、抑制、無視，
會以完全不同的方式顯現
……
好丟臉
間隙
再也不見
再也不見
完全不知道
他在想什麼
累到不再覺得他
彆扭得可愛了
我點的是中碗牛丼！
不是牛肉片～～～
暴力
從早晨開始大喝特喝

田房　果然有人因為戰爭罹患ＰＴＳＤ（創傷後壓力症候群）。那麼，是否也出現了家暴形式的暴力連鎖效應呢？

上野　當然。許多妻子都記得從戰場回來的丈夫在深夜因惡夢呻吟、情緒不穩，其中應該也有人對妻子拳腳相向。

日本雖然會發給戰爭傷病士兵撫卹金[116]，然而與身體損傷不同，心理創傷須經由醫生判定傷害是因個人因素或是從軍經歷造成，再依此決定是否符合軍人撫卹資格。

田房　明知道這些人都上了戰場，還是刁難？真是過分。

上野　因為原本就有精神疾病或是智能障礙的人也被徵召出征了，這些人不在撫卹發放的範圍。理由大概是：他們即使沒上戰場也會發病。

田房　不不不，等一下、等一下。這……不過，想要隱藏士兵罹患ＰＴＳＤ本身就是一種男性情誼的象徵吧？也是就要「隱藏我們的脆弱」。

上野　沒錯，沒錯。

田房　這種隱瞞到底造成了多大的危害。我想就是因為在國家層級上掩蓋事實長達數十

116　日本以退役軍人、退休公務員及其遺族為對象所發給的年金。根據日本總務省（類似於台灣的內政部）資料，令和元年度的撫卹金發放預算員額約二十七萬人，預算總額達一九八〇億日圓。

年，今天才會變成這樣。性別觀念也是如此。或許以當時的條件無法實現，但若能用心照護並處理ＰＴＳＤ的問題，或許現在會有完全不同的局面。

女性主義是女人接受自己是女人，愛上女人這個身分的思想

上野　田房小姐，妳說到重點了——隱藏脆弱。這就是所謂的「weakness phobia」，即「軟弱嫌惡」，我則稱之為「無法承認弱點的弱點」。男人最無法忍受被說是「膽小鬼」和「窩囊廢」，光是為了證明自己不是，就能讓他們慷慨赴死。我則是在右翼女性的身上感覺到同樣的厭惡，那是女人心中的軟弱嫌惡。她們因為女人是弱者而厭惡女性，對男性情誼的社會產生認同。

田房　我終於懂了，以前我完全無法理解右翼女性的主張，老是搞不懂她們到底在說什麼，原來是這樣啊。

上野　她們不容許與自己同樣性別的女人表現出被害者的樣子，覺得無法忍受。

田房　有這種想法才叫可怕。

上野　女人一旦認同了男性情誼的社會，不僅無法容許自身的軟弱，也無法忍受女性同胞是弱者。

田房　這就是所謂的厭女[117]？

上野　無法容忍女性身為弱者，這點不正是厭女嗎？很多女兒既同情母親受到父親掌控，但又無法原諒母親竟然束手無策，只會唯唯諾諾地服從。因為都是女人，看到其他女人的軟弱會深感痛苦，又覺得憎恨。從厭女轉向過度認同男性，並期待獲得男性認可的女性實際上非常多。杉田水脈[118]或是稻田朋美[119]都是這樣的例子。

田房　不可思議的是，她們身上都帶著一種類似的氣場，給人的感覺十分相似。不過，女性主義者當中也不乏有厭女情結的人，對不對？

117　厭女，對女性感到厭惡、蔑視。「厭女症在男女身上的作用並不對稱，在男人身上表現出來的是『女性蔑視』，在女人身上表現出來的是『自我厭惡』」，引用自上野千鶴子《厭女》（紀伊國屋書店，二〇一〇；聯合文學，二〇一五）

118　杉田水脈（一九六七―），日本自由民主黨眾議員，新歷史教科書編纂會理事。二〇二二年八月就任岸田內閣總務政務官。

119　稻田朋美（一九五九―），日本自由民主黨眾議員、律師。

上野　如果有人問我：「上野妳也厭女吧？」我會回答：「沒錯。」如果我能從厭女情結中完全解放，沒必要再與之抗爭，那也就不需要當女性主義者了。不斷和自己心中的厭女情結抗爭的人，就是所謂的女性主義者。

田房　上野教授把厭女定義為「在男人身上的表現是『女性蔑視』，女人則是『自我厭惡』」。

上野　沒錯，但我一直以來不斷和自己和解，現在已經輕鬆多了。對女人來說，女性主義就是為了與自己和解而進行的戰鬥。在這個社會中長大的女性，沒有人沒有厭女情結，如果有女人不厭女，那麼她也沒有成為女性主義者的必要。所以要是有人問「上野是不是也厭女」，我會直接承認「沒錯」。女性主義是女人接受自己身為女性，愛上女人這個身分的思想。我現在覺得，如果有下輩子，我還是想當女人。

我是女性主義者

田房　上野教授寫過，「每個女性主義者都是從厭女的起點出發」。對抗厭女情結，和對抗身為女性的自我厭惡，或許就是成為女性主義者的第一步。社群媒體上愈來愈多以女性主義者自稱的匿名使用者，如今常可見到她們在網路上交鋒，比如像「會說這種話的人不是女性主義者」。她們依據自己的脈絡判斷「對方是否懂女性主義」，若判定不懂便出言攻擊。我也受過這類的批判，打從心底厭煩。

上野　希望大家能回憶我們走過的歷史。我們從不會說「你這樣不是女性主義」，而是始終表示「女性主義是多樣的」。原因在於，女性主義中仍有許多問題無法簡單回答，它不是一台只要投幣就能叮地一聲吐出正確答案的解答機。帶著孩子上班是對是錯？女人是否應該上戰場？該不該在綜合職的位置上咬緊牙關奮鬥？我們爭辯過諸多問題。女性主義是無懼於爭論的。或許在推特這類社交平台上展開交鋒，容易淪為單純的毀謗中傷，而無法形成討論吧。

田房　只是互相謾罵而已，那些惡意的言語缺乏建設性，只會不斷縮限自己好不容易獲得的立足之地。在局外人的眼裡，這也不會給他們什麼好印象。

上野　思考是在爭論當中鍛鍊的。有時是自己的論述缺陷和侷限被別人指出，有時是去理解對方的理論並找出弱點，從而跨越對立，產生新的討論。陳美齡爭議[120]的時候是如此，女性史論爭[121]時也是，我們是在這些爭辯中鍛鍊過來的。比起會因咒罵攻擊而失控的男人世界，女性主義者不畏爭論，在奮戰中，不同意見的對手是志同道合的同伴。

田房　現在有些爭論是連女性主義定義都還沒充分討論，便以自己的解釋爭執誰是、誰不是女性主義者。這讓人十分難過。

上野　女性主義者原則上屬於自我表態，因此說自己是便是。就算我不願看到某些人自稱女性主義者，但不能妨礙她們這樣自詡。

田房　是，這就是女性主義。

上野　女性主義充滿各種論述。一人一派，甚至更多。即使有這麼多不同的派別相互衝撞，彼此之間完全沒有正統與異端的區別。田房小姐的表現能力或許是靠自己創造的，而我所使用的詞彙九成以上是借自他方，透過各種領域的閱讀學習，從獲得的知識中借取，靠我自己想出的來僅有非常少的一點點。借用他人的文字其實不是壞事，文字是一種傳承。從其他地方借來，充分理解，消化成自己的東西就好。「男性情誼」「厭女」等等亦是如此，是我援引自賽菊蔻[122]並加以活用、傳播。我們累積了許多這類借自他方的詞彙作為共有財產，這就是婦女研究和性別研究。

田房　我希望這些都能延續下去。輪到我們出場的時候，要挺起胸膛地接棒繼續。

上野　這些詞彙是從誰那裡借來的，每個我都牢牢記著，因為那是早於我投入這個領域的阿姨姊姊在學術上留下的成果。正因謹記在心，即使被告誡若標榜女性主義，書籍便銷量堪憂，或是會受到攻擊，我也從未放下女性主義者這塊招牌，且都會附上援引出處，如「大澤真理稱其為『量身訂製』」「賽菊蔻提出的男性情誼概

120　一九八八年，身兼歌手和藝人的陳美齡帶著嬰兒到電視台上節目通告，該行為是否恰當引起爭議。歌手淡谷規子、作家林真理子，以及專欄作家中野翠等人對此表示批判；另一方面，上野千鶴子則以「每個出門工作的母親背上都有孩子」為由，贊成陳美齡的做法。

121　女性史論爭，因村上信彥《明治女性史》全四冊（一九六九—一九七二）的出版及其所提出的方法論，引發了有關日本婦女史研究的論爭。《明治女性史》為試圖全面爬梳出生於明治時期，有名與無名女性的生活、婚姻、教育、職業以及意識變化的首次嘗試。在這套書中，村上信彥批判井上清《日本女性史》（一九四八）是一本現代觀點的「解放史」，該批判引起了論爭。參考：古庄由紀子〈近代日本婦女史方法　試論〉

122　賽菊蔻（Eve K. Sedgwick，一九五〇—二〇〇九）文學研究者。將男性之間的愛欲稱為同性戀（homosexual），並稱男性之間非屬愛欲的聯繫關係為男性情誼（homosocial），以此與同性戀作出區別。著有《男人之間——英美文學與男性情誼之欲望》（*Between Men: English Literature and Male Homosocial Desire*）、《暗櫃知識論》（*Epistemology of the Closet*）等書。參考：上野千鶴子《厭女》（紀伊國屋書店，二〇一〇；聯合文學，二〇一五）

念」。在聽到精妙論述的瞬間，不是會有一種豁然開朗的感覺嗎？田房小姐的「A面B面」也是如此，讓人得以清晰地了解這個社會。這就是知識理論的功用，所以說不能忘記前人之恩。

此外，一直以來女性主義也因使用外來概念而受到批判。「女性主義」（feminism）本身就是外來語，「性騷擾」（sexual harassment）、「家暴」（domestic violence）也都是，不像「A面B面」是原創詞。「男性情誼」（homosocial）和「厭女」（misogyny）也如此。我們沒有在日文裡給它們相應的詞彙，讓它們以片假名拼寫的外來語形式流傳，是我們的疏失。不過，這真的值得責備嗎？思想家史碧華克[123]出生於印度，在哥倫比亞大學擔任英美文學教授。印度曾接受英國殖民，史碧華克是在那裡出生長大的菁英，她學習英美文學，前往美國。英語的素養已深入骨髓，內化為她的一部分，如果把她身上以英文學得的知識剝除，就沒有今日的史碧華克了。在一次女性主義者的學術會議上，性別，也就是「Gender」的概念成為討論議題，那次會議我也參加了。Gender 語源來自法語的文法用詞「gener」。法語的名詞有陰性陽性之分，但英語和日文都沒有這種區別。那場會議裡有名法國女性研究者，故意似地對英國性別研究者說：「英文中原本沒有 Gender 的概念」，又對出席該會議的日本人表示「更別提日本人，你們又與 Gender 有什麼關聯」。這女人可真討厭（笑）。

當時史碧華克的反擊相當有力：「無論概念來自何方，用得上的都要物盡其用。」

田房 哇！

上野 很帥氣吧？

田房 太帥了！

上野 十分讓人觸動。我不禁想著：「好，我下次也要這麼說。」（笑）。許多概念與詞彙就是像這樣被吸納進來的，而這些人聚集而成的群體自稱「我們是女性主義者」。我享受著她們的努力成果，為謹記於心，今後我也會繼續這樣自稱：「我是女性主義者。」

---

123 史碧華克（Gayatri Chakravorty Spivak，一九四二—），評論家，著有《從屬者可以發言嗎？》（*Can the Subaltern Speaks ?*）、《後殖民主義思想》（*The Post-Colonial Critic*）等書。

對談的總結　田房

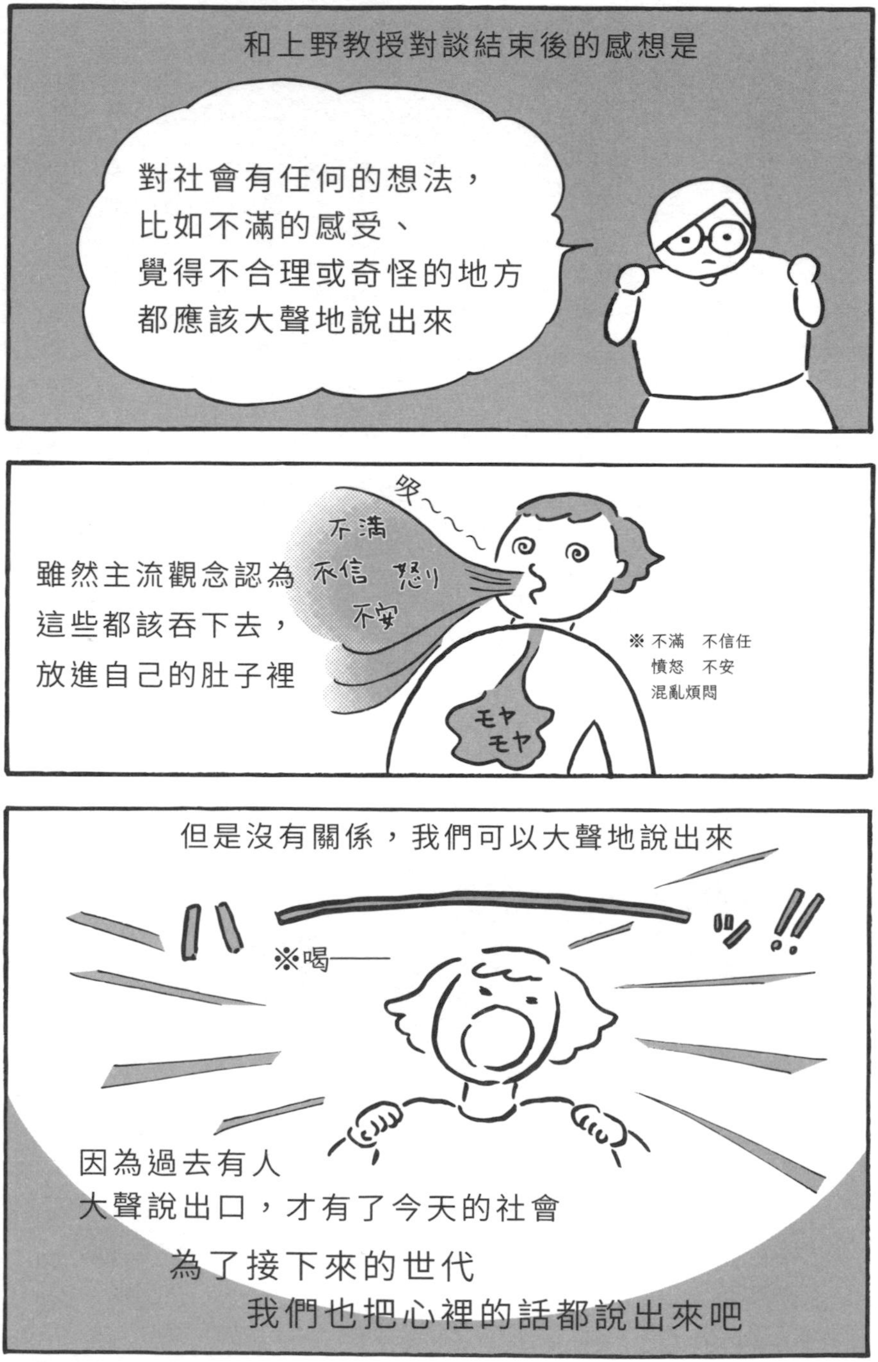

和上野教授對談結束後的感想是
對社會有任何的想法，
比如不滿的感受、
覺得不合理或奇怪的地方
都應該大聲地說出來
雖然主流觀念認為
這些都該吞下去，
放進自己的肚子裡
吸～～～
不満
不信
怒り
不安
モヤ
モヤ
※ 不滿　不信任
憤怒　不安
混亂煩悶
但是沒有關係，我們可以大聲地說出來
ハーーッ!!
※喝——
因為過去有人
大聲說出口，才有了今天的社會
為了接下來的世代
我們也把心裡的話都說出來吧

後記

與田房小姐雖是初次見面，卻一見如故。

在這次對談以前，我便讀過《女人去了只有男人能進去的場所》等書。透過文字認識的田房小姐，是位率直且犀利，感性又十分誠實的人。後來知道她本業是漫畫家，我也讀了好幾本田房小姐的漫畫作品，從裡面看到了她面對與父母的關係、親子教養、夫妻關係時，那讓人驚訝的正直和真摯。

當接到田房小姐希望能合作出書的邀請時，我當然很高興地答應了。

田房小姐是嬰兒潮次世代，而我是嬰兒潮世代，年齡正好是親子的差距，這也代表田房小姐的母親和我屬於同世代人。在田房小姐漫畫中登場的「毒親」充滿熟悉感，足以推測她的經歷絕非僅限於個人，而是世代共通的經驗。說起來，過去在女性主義「個人的即政治的」的口號下，從男女關係的困境、親子衝突中發現了問題，然而這個世代卻在為人父母後，成了孩子的加害者。

女性主義從很早開始便注意到「母女」議題（這也是因為心理學探討對象僅限於父子以及母子）。閱讀田房小姐的作品時，我想，嬰兒潮世代也有母親，為什麼我們的母女衝突沒有以「毒親」般「支配與控制」的形式出現？或許是由於上上一個世代的母親實在太過無力。女兒怨恨母親的無力，把她們當成負面教材，引以為戒。嬰兒潮世代因而在為人母後變得精力充沛，而且還是無處可去的抑鬱能量，這些精力轉移到她們能夠操控的弱者，也就是孩子身上。且相較於對兒子，對女兒更甚（兒子應該也過得相當辛苦，但卻沒有人像田房小姐這樣直接地表現出對母—子、父—子關係的想法。為什麼？真是個謎）。

接下來，輪到了田房小姐的世代為人父母。田房小姐育有一兒一女，她敞開自己的感性，以毫不矇混逃避（畢竟在孩子面前皆是無所遁形）的態度面對丈夫和小孩，那樣的姿態令人感動，也傳達出一個事實：這個世界上每個人都有不成熟的地方，但就是在這樣的學習過程裡，父母成為父母，夫妻成為夫妻，孩子逐漸長大成人。這也代表著，並非結婚就算夫妻，生下小孩也不等於就是父母。

養育出嬰兒潮母親的母親世代除了步入婚姻外別無選擇，嬰兒潮母親世代眼前則出現了其他道路，實際上卻是無法通行。然後是被迫選擇婚姻與工作的嬰兒潮次世代。這個世代所養育的小孩會有什麼樣的未來？我想親眼看看。身為社會學者的好奇心難以壓抑，為了達成這個願望，我想自己得活得久一點。

和田房小姐的對談持續了一整天，簡直停不下來，非常有趣。希望其中趣味也能傳遞給讀者。感謝提出這個珍貴機會的編輯鈴木萌。以及，衷心感謝與我對談，並以其豐沛的表現能力化為漫畫的田房小姐。文中也已多次提及，田房小姐自身創造的語言表達能力十分優越。她既有如此精采的表達能力，又身懷漫畫這個傳達技巧，擁有強大優勢。能將訊息託付給如此才氣洋溢的女性，不會畫畫唱歌也不會跳舞的上野深感慶幸。

上野千鶴子

作者｜上野千鶴子、田房永子
繪者｜田房永子
編輯協力｜竹花帯子
譯者｜蔡傳宜
責任編輯｜翁仲琪
國際版權｜吳玲緯
行銷｜何維民　闕志勳　吳宇軒　陳欣岑
業務｜李再星　陳紫晴　陳美燕　葉晉源
副總編輯｜何維民
編輯總監｜劉麗真
總經理｜陳逸瑛
發行人｜凃玉雲

國家圖書館出版品預行編目(CIP)資料

上野教授教教我！從零開始的女性主義：跟著一場幽默輕鬆的世代對談，看懂一個亞洲國家的女權意識如何萌芽、建構，進進退退走到現在 / 上野千鶴子，田房永子著；蔡傳宜譯 . -- 初版 . -- 臺北市：麥田出版：英屬蓋曼群島商家庭傳媒股份有限公司城邦分公司發行，2022.12
面；　公分
譯自：上野先生、フェミニズムについてゼロから教えてください！
ISBN 978-626-310-335-1(平裝)
1.CST: 女性主義 2.CST: 日本
544.52　　111016417

上野教授教教我！
從零開始的女性主義：
跟著一場幽默輕鬆的世代對談，看懂一個亞洲國家的女權意識如何萌芽、建構，進進退退走到現在

上野先生、フェミニズムについてゼロから教えてください！

出版｜**麥田出版**
地址：10483 台北市民生東路二段 141 號 5 樓
電話：(02)2500-7696
傳真：(02)2500-1967
網站：http://www.ryefield.com.tw

發行｜**英屬蓋曼群島商家庭傳媒股份有限公司城邦分公司**
地址：10483 台北市民生東路二段 141 號 11 樓
網址：http://www.cite.com.tw
客服專線：(02)2500-7718; 2500-7719
24 小時傳真專線：(02)2500-1990; 2500-1991
服務時間：週一至週五 09:30-12:00; 13:30-17:00
劃撥帳號：19863813　戶名：書虫股份有限公司
讀者服務信箱：service@readingclub.com.tw

香港發行所｜**城邦（香港）出版集團有限公司**
地址：香港灣仔駱克道 193 號東超商業中心 1 樓
電話：+852-2508-6231
傳真：+852-2578-9337
電郵：hkcite@biznetvigator.com

馬新發行所｜**城邦（馬新）出版集團 Cite (M) Sdn Bhd**
地址：41, Jalan Radin Anum, Bandar Baru Sri Petaling, 57000 Kuala Lumpur, Malaysia.
電話：+603-9056-3833　傳真：+603-9057-6622
電郵：services@cite.my

封面設計｜朱疋
印刷｜前進彩藝有限公司
初版一刷｜ 2022 年 12 月

定價｜NT$350　HK$117

ISBN 978-626-310-335-1